트와일라잇 살인자들

트와일라잇 살인자들

살인은 세상을 비추는 거울이다

김세정 지음

정윤에게
그리고,

이유 없는 살인은 없다

이 책은 영국에서 발생한 여러 건의 살인 사건을 다루고 있다. 속도감 있게 전개되는 스토리의 몰입력이 대단해서 정신없이 책장을 넘길 수 있다. 하지만 눈치가 빠른 독자라면 이 책이 사건을 단순히 육하원칙에 따라 소개하고 있는 것은 아니라는 점을 알 수 있을 것이다. 어떤 사건을 기술하는 것은 결코 쉬운 일이 아니다. 여러 단면이 중층적으로 포개져 있어서 어떤 부분을 끄집어내어 정리할 것인지는 철저히 글쓴이의 몫이다. 저자인 김세정 변호사는 일련의 살인 사건이 발생하게 된 배경에는 영국 사회의 여러 사회 문제들이 있다는 점에 주목하고 있다.

이 책에서 등장하는 살인 사건의 피해자들은 소수 인종에 속하는 사람, 성소수자, 난민, 이주자, 정치적 소수파, 여성, 경제적 약자, 소수 종교의 신도 등이다. 이른바 '소수자' 집단의 구성원들이다. 개인적인 이유보다는 그 소수자 집단에 속해 있다는 이유로 살해를 당한 것이다. 이런 식으로 피해자가 특정되는 것은 결코 우연이 아니다. 소수자 집단에 속한 사람들은 사회적 편견으로부터 자유롭지 않다. 편견이 사회에 만연하게 되면, 실제 차별로 이어지게 되고, 차별당하는 집단은 폭력의 피해자가 되기도 한다. 차별당해도 괜찮다고 여겨지는 집단은 맞아도 되는 집단으로 간주되기 십상이기 때문이다. 그 폭력의 가장 극단적인 형태가 살인이며, 더 나아가서는 그 집단을 말살하자는 집단 살해(제노사이드)로 이어지는 경우까지 있다.

흑인이라는 이유로 살해를 당한 사건이 있다면 이미 그 사회에는 흑인에 대한 폭력과 차별이 만연해 있을 것이다. 이민자나 난민이라는 이유로 살해를 당했다는 사건은 이민자와 난민에 대한 폭력과 차별의 수준을 짐작케 해준다. 데이트 상대 여성이나 아버지의 명령을 거부한 딸이 살해당한 사건은 여성의 사회적 지위가 어떠한 상태인지를 보여주는 것이다.

범죄학이나 형사법학에서는 이러한 범죄들을 증오 범죄(hate crime)라고 부른다. 편견이 동기가 된 범죄를 말한다. 이 책에 언급된 범죄들의 다수는 증오 범죄에 속하는 범죄다. 많은 나라들이 증오 범죄를 가중처벌한다. 피해자에게 더 많은 고통을 주고 그 피해자가 속한 집단에게 집단적 공포를 야기하며, 증오 범죄에 미온적으로 대처했다가 추가적인 범행으로 이어질 가능성이 높다고 보기 때문이다. 실제로 영국에서도 이 책에 언급된 여러 사건들이 계기가 되어 증오 범죄에 관한 여러 가지 대책을 시행해 왔다.

이 책이 주목하는 또 다른 부분은 범죄의 사회적 요인이다. "이유 없는 살인은 없다"는 말이 있다. 범죄학에서는 살인을 저지르게 되는 이유로 신체적·유전적 특징 등 생물학적 관점, 사람의 심리적 관점, 그리고 개인이 아니라 사회적 환경에서 그 이유를 찾는 사회학적 관점을 제시한다. 이 책이 주목하는 것은 주로 사회학적 관점이다. 살인 사건이 범죄자의 잔혹성이나 개인의 특성보다는 영국의 사회 문제에서 비롯된 것임에 초점을 맞추고 있는 것이다.

이 책은 담담히 살인 사건들을 소개하고 있지만, 이러한 참혹한 범죄들을 막기 위해 무엇을 해야 하는지에 대한 단초도 읽어낼 수 있다. 살인 범죄가 증오 범죄에 속한다면 이것은 일종의 차별 문제다. 소수자 집단에 대한 차별과 배제의 문제를 해결하는 것이 범죄를 예방하기 위한 가장 근본적인 해법이 될 것이다. 살인 범죄가 사회 환경적 배경과 연결되어 있다면, 그 환경적 요인, 예컨대 사회적 불평등을 해소하는 것이 중요한 과제가 될 것이다. 물론 범죄자는 처벌받아야 한다. 살인 사건의 가해자라면 말할 것도 없다. 하지만 이렇게 범죄의 사회 환경적 요인에 주목한다면 사회 문제를 해결하는 사회 정책이 더 근본적인 해법이 될 수밖에 없다. 늘 그렇듯이 문제를 해결하기 위해서는 최종적으로 나타난 결과보다는 그 결과를 낳는 원인을 해결해야 하기 때문이다.

이 책은 영국의 살인 사건을 담고 있지만, 사실 우리의 현재와 미래를 곳곳에서 엿볼 수 있다. 빈곤이 사람들을 범죄로 내몰리게 했던 사례는 한국에서도 찾아보기 어렵지 않다. 한국 사회가 직면한 사회적 불평등의 문제를 해소하지 못한다면 범죄에 내몰리는 사람들은 점점 더 늘어날 수밖에 없다. 종종 발생하는 살인 사건은 그 심각성을 경고한다. 소수자 집단에 대한 차별과 배제도 점점 격화되고 있다. 인터넷에서는 이주자, 난민, 성소수자, 여성, (정신)장애인 등에 대한 노골적인 편견을 드러내는 선동성 글들을 쉽게 찾아볼 수 있다. 실제로 차별을 당하거나 폭력을 당하는 경우도 드물지 않게 보고되어왔다. 소수자 집단의 구성원들은 대개 그 취약한 지위로 인해 차별과 폭력에 노출되어도 신고를 주저하는 경우가 많다. 이러한 사정까지 고려한다면 실제 사건은 더 많을 것이다.

이렇게 편견과 차별과 폭력이 만연한 상황에서는 그 집단을 표적으로 삼는 살인 사건도 발생할 수 있다. 차별해도 괜찮다는 인식과 때리거나 죽여도 된다는 인식 사이의 간극은 생각보다 크지 않다. 한국 사회가 이러한 편견과 차별의 문제를 해결하지 못한다면, 이 책에서 다루고 있는 여러 증오 범죄들이 한국에서도 발생할 가능성이 점점 높아질 것이다. 실은 한국에서도 이미 증오 범죄가 있었을 것이다. 증오 범죄를 가중처벌하는 법이 없다 보니 증오 범죄로 분류되지 않았을 뿐이다. 사회적 편견에서 기인하는 차별과 폭력은 이미 우리의 현재이기도 하고 미래이기도 한 것이다.

증오 범죄나 범죄의 환경적 요인을 설명하는 논문이나 책은 제법 많다. 하지만 그것이 현실에서 어떻게 작동하는지를 짐작하는 것은 쉽지 않다. 이 책에 소개된 이야기들을 따라가다 보면 그 어떤 학술 문헌에서보다 범죄 발생의 메커니즘과 맥락을 이해하는 데 큰 도움을

얻게 될 것이다. 그리고 지금 여기에서 우리가 무엇을
해야 할지에 관해서도 힌트를 얻을 수 있을 것이다.

홍성수(숙명여대 법학부 교수)

프롤로그

왜 그 살인자에게 마음이 끌렸을까

"살인은 세상을 비추는 거울이다"라고 셰익스피어는 일찍이 말한 바 있다……라고 쓰면 뭔가 폼 날 것 같지만, 사실 내가 생각해낸 말이다. 어쩌면 셰익스피어가 저런 말을 했을 수도 있고, 내가 언젠가 어디선가 읽고 기억하는 것일 수도 있다. 그 역시 세상의 덜 고상한 측면에 관심이 많았던 인물이니까.

전쟁이나 폭동 같은 상황에서 벌어지는 대규모 살인을 논외로 한다면, 대개의 경우 살인은 매우 개인적이고 개별적인 일이다. 살인이란 개인이 개인을 죽이는 것이고, 이유 또한 매 경우 다르다. 하지만 나는 살인이 일정 부분 그 사회의 모습을 반영한다고 생각한다. 한 사회가 어떤 모습을 가지느냐, 어떤 논리에 의해 움직이느냐, 즉 어떤 가치관에 의해 구성되고 작동되느냐에 따라 그 사회에서 벌어지는 살인의 종류나 방법이 달라진다고 생각한다. 살인은 다 살인 아닌가 싶을 수 있겠지만 살인에는 다양한 종류가 있다. 사람을 죽인다는 결과가 동일할 뿐 강도가 행인을 죽이는 살인과, 미혼모가 저지르는 영아살해는 다르다. 살인의 방법이 다양하다는 말이야 굳이 설명할 것도 없을 듯하다. 농기구가 주변에 널려 있으면 곡괭이나 낫으로 사람을 죽이기 쉬울 것이고, 총기 살인이 너무 흔해서 놀랍지 않은 사회도 있다.

살인은 한 사회에 살고 있는 사람들이 매우 원하는 것이나 가장 취약하다고 여기는 것과 관련된다. 타인으로부터 압력을 받거나, 반대로 타인에게 압력을 행사하고자 하는 지점이라고 할 수도 있겠다. 욕망은 가장 오래되고 일반적인 살인의 이유다. 돈에 대한, 사람 또는 애정에 대한, 권력에 대한 욕망. 인정받거나 과시하고 싶은 욕망. 한 사회가 이런 욕망을 얼마나 당연한 것 내지는 중요한 것으로 여기느냐에 따라 사람들은 욕망을 충족하기 위해 다른 사람의 목숨을 빼앗기도 하는 것이다.

때로는 한 사회가 가진 특유의 규범이 살인의 동기로 작용하기도 한다. 예를 들면 구애를 거절당했다는 이유로 저지르는 명예살인 같은 것이다. 아니면 간통을 했

다는 이유만으로 살인을 저지르는 사람 역시 규범의 희
생자로 볼 수 있는 경우도 있다. 규범을 이겨낼 수 없기
때문에 타인을 죽여서라도 기존 질서를 지키는 것이다.
심지어는 사회가 어떤 사람을 고립시키거나 방치하여
살인자로 만들기도 한다. 피살자로 선택되는 사람 역시
사회에서 고립되거나 방치된 사람인 경우가 많은 것은
물론이다.

그러니 사회가 무엇을 바람직하다고 생각하고, 이
를 성취하기 위해 어떤 수단을 용인하고, 누구를 고립시
키고 보호하지 않는가와 같은 문제들은 살인자와 희생
자를 보면 대략 알 수 있다. 대부분의 사회는 돈을 중요
한 가치로 생각하므로 재물을 빼앗기 위한 살인은 흔히
찾아볼 수 있다. 애정을 쟁취하기 위해서 살인을 불사
했다는 말은 역시 쉽사리 통용되는 변명이다. 상대가 그
애정을 수용했는지와는 상관없이 말이다. 여전히 가정
폭력에 의한 살인이 많이 벌어지는 것은 명백히 사회가
가정을 어느 정도 외부에서는 상관할 수 없는 고유한 영
역으로 인정하기 때문이다. 이민자나 소수자를 타깃으
로 한 살인이 더 빈번하다면 이들을 더 배제하는 사회라
고 할 수 있을 것이다.

살인에 대한 반응이나 처벌 역시 그 사회가 갖는 가

치관에 따라 달라짐은 물론이다. 한 사회가 어떤 유형의 살인을 가장 용서받지 못할 것으로 여기는가, 어떤 종류의 살인은 용서받을 수 있다고 여기거나 더 나아가 지지하고 응원하는 것으로 보는가 하는 문제다. 예전에는 마을을 지나가는 이방인을 죽이고 물자를 빼앗는 것을 당연히 여기는 사회도 있었다. 현대로 치자면 강도 살인으로, 전 세계 거의 모든 국가에서 엄벌에 처해진다. 결혼하지 않은 사이에서 성적인 관계를 가졌다는 의심을 받은 것만으로도 여자가 죽임을 당하는 것을 당연히 여기는 사회는 슬프고도 분노스럽게도 여전히 존재한다. 그것이 자발적인 관계가 아니라 억압에 의한 관계, 심지어 강간을 당한 것이어도 말이다. 때로는 희생자보다 살인자에게 더 감정이입돼 선처를 바라는 경우도 있는데, 사회에 따라서 동정받는 살인자가 강간당한 아내를 죽인 남편일 수도 있고 강간범을 죽인 피해자의 가족일 수도 있다.

심지어 사체를 처리하는 방식 역시 사회에 따라 달라진다. 대다수의 사람이 주로 아파트나 연립 주택과 같은 공용건물에 거주하는 대도시에서의 사체 유기 방식과, 주로 단독 주택에 거주하면서 집에 딸린 마당과 별도의 창고가 있고 멀지 않은 바로 근처에 수풀 내지 황

야가 있는 경우의 사체 유기 방식은 다를 수밖에 없다. 예를 들어, 5장의 '서로 힘을 합해 살인을 저지른 부부' 에 나오는 것과 같은 사체 유기는 한국의 일반적 주거환 경에서라면 도무지 가능하지 않은 사체 유기 방식이라 고 하겠다. 게다가 사실은 사람을 죽이는 것보다 사체를 처리하는 쪽이 훨씬 더 어려운 문제다. 범인이 잡히는 것도 사체가 발견되었기 때문인 경우가 많으니, 사체를 남몰래 감쪽같이 처리하기 쉬운 사회라면 보다 쉽게 살 인을 저지르게 되지는 않을까. 4장의 '50년 동안 돌아오 지 못한 황무지의 시신' 사건의 경우, 무어라는 거의 완 벽에 가까운 시체 처리 장소가 있었기 때문에 벌어질 수 있는 범죄였다고 생각한다.

이 책에 실린 내용은 〈시사IN〉에 연재된 것을 기반 으로 하되 기존 원고의 경우 내용을 보강하고 몇 편의 원고를 새로 추가한 것이다. 영국에서 벌어진 살인 사건 을 다뤘지만, 해당 원고를 쓸 당시 한국에서 벌어진 일 들 때문에 선택한 경우도 많다.

데이트 폭력이나 혐오 범죄처럼 한국 사회가 격렬 한 반응을 보였던 이슈와 관련된 사건들이 그런 경우 에 속한다. 직접적인 관련성이 뚜렷이 보이지 않는 경우 도 있다. 예를 들어 웨스트 부부가 저지른 일련의 살인 사건(5장 '서로 힘을 합해 살인을 저지른 부부')은 박근혜 전 대통령의 탄핵 당시 박 전 대통령과 그의 비공식적 참모격이었던 최순실 씨 중 누가 더 주도적이었고 지배적인 역할을 했는지, 그러니까 누가 더 나쁜 사람이었는지를 두고 벌어지는 공방을 보며 골랐다. 웨스트 부부 역시 서로 상대방이 주도적으로 나쁜 짓을 했다고 주장했다. 4장의 '50년 동안 돌아오지 못한 황무지의 시신'은 세월호 희생자의 시신이 모두 수습되지 않은 채 수색이 종결되었을 때 쓴 것이다. 기독교적 사고가 뿌리 깊이 박혀 있는 영국인의 경우 사람이 사망하면 영혼이 육체로부터 떠난다고 믿기 때문에 시신에 대한 집착이 크지는 않다고 들은 적이 있는데, 다 그런 것은 아니었던 모양이다. 희생자 중 끝내 시신을 찾아내지 못한 키스 베넷의 어머니가 살아 생전 아이에게 제대로 된 장례식을 치러주고 싶다는 이유로 수색을 계속하는 모습은 매우 슬펐다.

물론 그저 마음이 끌리거나 관심이 갔던 사건도 있다. 5장의 '내가 가져보지 못한 어머니에게' 사건의 경우, "검은 머리 짐승은 거두는 것이 아니다"라는 한국 속담이 즉각적으로 떠올랐는데, 사실 이 속담이 의미하는 바는 단순히 가까이 두고 챙겼던 사람이라고 해도 결국 배신한다는 의미는 아닐 것이라고 생각한다. 그보다는 끝까지 마음을 준다는 문제, 어디까지 사람을 받아들이는가에 대한 것 아닐까 생각했다는 얘기다. 진짜 가족이라면 문제적 가족 구성원을 쉽게 포기하지 않고 더 노력을 하지 않겠는가, 진짜 가족이라면 자신에게 서운한 일을 저질렀다고 해서 돌이킬 수 없는 복수를 하러 나서지는 않지 않을까 하는 생각이 들었던 것이다.

영국 사회에서 벌어진 살인 사건들인 만큼 영국 사회나 영국적 사고방식을 엿볼 수 있고 그들을 이해할 수 있기를 바란다. 영국은 흥미로운 사회다. 매우 발전했는가 싶으면 매우 구식이기도 하다. 21세기에 신분제의 최고봉이라고 할 수 있는 여왕이 엄존하고 하물며 사람들이 왕실에 열광한다. 계층 내지 계급 질서는 공고하고 이 질서를 뛰어넘는 것은 지극히 어렵다. 각 계층은 서로 다른 라이프 스타일과 가치관과 문제를 갖고 있으며 서로 잘 섞이지 않는다. 섞일 일 자체가 없는 것이다. 심지어 계층별로 출입하는 슈퍼마켓도 다른 지경이다. 이런 계층적 폐쇄성이 결국 사회의 병폐로 진행되지는 않을까. 마치 자신들의 미래의 모습과도 같은 여인을 무참히 죽여버린 10대 소녀들처럼(4장 '빈곤과 폭력, 그 무한 루프').

성소수자에 대한 혐오 발언을 직접적으로 들어본 일은 10여 년의 영국 생활 동안 단 한 차례도 없고, 영국은 성역할에 있어서도 어떤 면에서는 평등하다고 할 수 있다. 예를 들면 남자도 기꺼이 요리를 하고, 아이를 하교시켜야 한다며 일찍 집에 가야 한다는 아버지들을 이상하게 보지 않는 사회다. 하지만 한편으로는 남자아기에게는 당연히 푸른색을, 여자아기에게는 당연히 분홍색 옷을 입히는 식의 고정관념이 존재한다. 다만 영국인들은 자신들의 편견이나 차별의식을 내놓고 말하지는 않는 미덕이 있다. 적어도 어떤 순간까지는. 그러나 편견과 차별에서 비롯된 악의가 끝내 터져 나오는 순간, 1장의 '그 이민자는 죽을 때까지 경찰을 믿었다'에서처럼 이방인들이 죽임을 당하는 것일 것이다.

사건 내용의 정리는 BBC, 〈가디언〉, 〈더 타임즈〉부터 〈메일〉, 〈더 선〉 등 대중지와 기타 지방지까지 영국의 각종 매체에 보도된 내용을 종합한 것이다. 영국 매체의 사건 보도는 때로는 지나치다 싶을 정도로 구체적이고 자세하다. 피해자와 가해자를 비롯해 그 주변 사람의 얼굴과 신상부터 시시콜콜한 이야기까지 '다 털리기' 일쑤이고, 오래된 사건을 새삼 다시 추적 보도하는 일도 많아서 상세한 내용을 파악하기는 어렵지 않은 편이었다.

언론보도 방식뿐 아니라 영국과 한국은 여러 면에서 다르다. 영국 형사법과 한국 형사법의 경우 서로 정확히 대응되지 않는 용어들이 좀 있다. 가장 대표적인 것이 모살(murder)과 고살(manslaughter)인데, 모살은 한국 법의 용어로는 살인에 해당한다. 누군가를 죽이겠다는 생각을 가지고, 즉 살인의 고의를 가지고 사람을 죽이는 결과를 가져온 경우다. 반면 고살은 조금 더 복잡한데, 살인의 고의가 없었거나 어떤 이유로든 책임 능력을 경감시킬 수 있는 사유가 있지만 결과적으로 사람을 죽게 한 경우를 말한다. 한국 법의 용어로는 '치사'에 해당하기도 하지만 판결 과정에서 심신미약 등을 고려하여 형을 경감시키는 경우 역시 포함될 수 있을 것이다. 하나 더 예를 들어보면, 1장의 '흑인이라는 이유로 죽임을 당한 소년'에 등장하는 이중재판 금지 원칙(double jeopardy)은 한 번 기소된 사람이 정당한 사유로 무죄 방면된 경우 같은 혐의나 같은 사실 관계에 의거해 재차 재판을 받지는 않는다는 것을 말한다. 한편 한국 법이 채택하고 있는 일사부재리(一事不再理)는 일단 확정 판결이 있은 후에는 그에 대하여 다시 심리 또는 재판을 하지 않는다는 원칙이다. 조금 더 법적인 용어를 사용하자면 이중재판 금지 원칙은 절차법적인 것이고, 일사부재리는 확정 판결의 기판력에 의해 도출되는 것이다.

　하지만 이 책을 읽기 위해서 이런 지점들을 군이 다 알 필요는 물론 없다. 다만 바라는 바는, 매 사건을 읽으면서 스스로와 한국 사회를 돌아봤으면 하는 것이다. 가해자와 피해자 중 누구에게 감정이입이 되는가. 판결이 정당하다고 느끼는가 아니면 부당하다는 생각이 드는가. 만일 한국 사회였다면 어떤 반응이 있었을 것이라고 생각하는가와 같은 질문들을 던질 수 있었으면 좋겠다는 이야기다. 말하자면 '나는, 우리 사회는 무엇을 욕망하고 무엇을 배척하는가' 하는 질문을 던져보고 '어떤 방향으로 나아가고 있으며 나아가야 하는가'를 생각할 수 있으면 좋겠다는 이야기다. 어쩌면 무리한 바람일 수 있지만 말이다.

　이 책이 나오기까지 연관되거나 수고하신 모든 분들께 깊이 감사드린다.

2019년 7월

김세정

차례

1장
혐오가 그/그녀를 죽였다

흑인이라는 이유로 죽임을 당한 소년

이중재판 금지는 한 번 기소돼 재판을 받은 사람이 무죄 방면되거나 유죄 판결을 받은 후 동일한 사실에 기초한 동일한 혐의로는 다시 재판을 받지 않는다는 원칙이다. 이는 노르만 족이 잉글랜드를 점령한 12세기 이래 불문법으로 지켜온 영국 형사법의 대원칙으로, 애초 취지는 사인(私人)에 비해 막강한 힘을 갖고 있는 권력자 내지 권력기관이 같은 평계를 내세워 누군가를 거듭 재판 절차에 회부하는 행위를 막고자 함이었다. 말하자면 무고한 사람 또는 받아야 할 처벌을 이미 받은 사람이 또다시 부당한 고초를 당하지 않게 하려는 원칙이라 하겠다.

그런데 영국에서 800여 년간 지속되면서 마치 난공불락의 요새처럼 굳건해 보였던 이중재판 금지 원칙이 2003년 일정 부분 수정 및 폐기되었다. 이 원칙이 마땅히 처벌받아야 할 사람들이 처벌을 면하는 수단으로 사용될 수도 있다는 판단 때문이다. 열여덟 살 흑인 청년 스티븐 로렌스의 무고한 죽음이 이 같은 판단의 계기가 되었다. 이와 같은 변화는 로렌스의 무고한 죽음에 대한 정의를 세우고 더 나아가 영국 사회를 변화시키기 위해 여러 사람들이 오랜 세월 끈질기게 노력한 결과인 것이다.

스티븐 로렌스는 평범한 학생이었다. 그의 부모는 자메이카 출신으로 1960년대 영국으로 이주한 뒤 각각 목수와 특수학교 교사로 일하면서 아이 세 명을 낳았다. 스티븐은 그중 큰아들이었다. 대학에 진학해 건축가가 되고자 했던 그는 이를 위해 관련 과목을 수강하고 있었다.

로렌스의 죽음을 목격한 것은 그의 가장 친한 친구인 듀웨인 브룩스였다. 두 사람은 11세가 되어 상급학교에 진학하던 첫날 만났고 그 이후 로렌스가 죽는 순간까지 계속하여 가장 친한 친구였다. 브룩스에 따르면 로렌스는 달리기를 잘했고 성격이 온순했고 다소 순진한 편이었다. 그랬기 때문에 자기를 덮치려는 백인 청소년 갱단을 더 빨리 경계하지 못했던 거라고, 죽는 순간까지도 무슨 일이 벌어지고 있는지 의아해했을 것이라고 브룩스는 친구의 비극적인 죽음을 여전히 애통해한다.

한밤의 버스 정류장에서 벌어진 살인 사건

1993년 4월 22일. 스티븐 로렌스는 학교가 끝난 뒤 브룩
스를 만나 삼촌 집으로 가서 함께 비디오 게임을 즐겼
다. 그날 밤 10시쯤, 집으로 돌아가기 위해 삼촌 집을 나
온 두 사람은 원래 타려던 버스 대신 조금 더 빨리 돌아
갈 수 있는 다른 버스를 타고 가기로 결정했다. 우긴 쪽
은 로렌스였다. 평소 자기주장이 좀 더 강한 편이었던
브룩스는 하필 이날따라 친구의 말을 따르는 쪽을 택했
다. 이 결정이 두 사람과 가족의 인생, 나아가 영국 형사
사법제도 및 영국 사회에까지 커다란 변화를 불러오게
될 것이라고는 두 사람 모두 미처 상상하지 못했을 것
이다.

　　런던 동남쪽에 있는 동네인 엘텀의 한 버스 정류장
에 두 사람이 도착한 것은 밤 10시 25분쯤이었다. 버스
가 오고 있는지 보기 위해 로렌스가 거리 모퉁이까지 걸
어갔다 되돌아오는 동안 버스 정류장에서 로렌스를 기
다리고 있던 브룩스는 백인 청년 대여섯 명이 길 건너편
에서 자기들 쪽으로 다가오는 것을 보았다. 브룩스가 로

렌스에게 버스가 오고 있는 것 같으냐고 소리쳐 묻자 청년들은 "뭐라고, 이 깜둥이(nigger)야?"라고 말하고는 순식간에 길을 건너 그들에게 덮쳐왔다. 브룩스는 순간 곧바로 도망치기 시작하면서 로렌스에게도 뛰라고 소리쳤으나 친구가 자기를 따라오지 않는다는 사실을 깨닫고 뒤를 돌아보았다. 그리고 그는 백인 청년들이 로렌스를 둘러싸고 있는 것, 그중 한 명이 칼을 꺼내 로렌스를 찌르는 것, 친구가 목에서 피를 흘리는 것을 보았다.

로렌스는 두 군데를 깊이 찔리고도 가까스로 도망쳐 100미터가 넘는 거리를 비틀거리며 달려갔다. 그의 오른쪽 쇄골과 왼쪽 어깨를 찌른 칼은 겨드랑이 동맥을 비롯해 네 개의 주요 혈관을 찌르고 폐를 관통했다. 로렌스는 도망치면서, 솟구치는 피를 흩뿌리며 "도대체 나에게 무슨 일이 일어난 거야?"라고 중얼거렸다. 그러고는 브룩스의 이름을 부른 다음 땅에 쓰러졌다. 지나가던 순찰차가 이들을 발견하고 로렌스를 병원으로 옮긴 때가 밤 11시 5분이었다. 로렌스는 이미 죽어 있었다.

그날 밤, 경찰은 브룩스를 경찰서로 연행해 '취조'하기 시작했다. 경찰은 그에게 가해자들이 정말로 인종차별적인 표현을 사용한 게 맞느냐고 캐물었다. 또한 로렌스와 브룩스가 마약을 거래하거나 갱단에 소속돼 있

혐오가 그/그녀를 죽였다

는 것은 아니냐고도 물었다. 그게 아니라면 두 사람이 백인 여성과 어울린 일이 있고, 공격을 해온 백인들이 그 여성의 애인이나 가족인 것은 아니냐고 물었다. 심지어 경찰은 사실은 브룩스가 로렌스를 공격한 것은 아닌가 하는 의심을 했다. 경찰은 브룩스의 태도가 불손하고 공격적이며 비협조적이라고 조서에 남겼다. 그가 경찰서 냉장고에서 음료 한 캔을 "훔쳤다"고 적기도 했다. 브룩스가 백인이었다면 아마도 이런 취급을 받는 일은 없었을 것이다. 브룩스는 그 스스로 무자비한 공격을 가까스로 피한 피해자일 뿐 아니라 가장 친한 친구의 죽음을 눈앞에서 방금 목격한 열여덟 살 청소년에 불과했기 때문이다. 그러나 경찰은 이런 사정을 전혀 고려하지 않았다. 다시 말해 경찰은 브룩스를 피해자가 아니라 전형적인 흑인 피의자처럼 취급했다.

피해자인데도 취조당한 흑인 소년

브룩스는 범행을 저지른 자들의 얼굴을 뚜렷이 보지 못했다. 더구나 사건의 충격으로 인해 범인들의 인상조차 정확히 떠올릴 수 없었다. 당일 현장 근처 버스 정류장에 있던 세 사람이 사건을 목격했지만 이들 또한 범인한 명 한 명을 명확히 구별해내지 못했다. 그러나 지역 주민들로부터 제보가 쏟아지기 시작했다. 사건이 벌어진 바로 다음 날, 공중전화박스에 범인들의 이름을 적은 쪽지가 놓여 있기도 했다. 누군가 익명으로 경찰에 제보 전화를 걸기도 했다. 사흘도 되지 않아 백인 청소년 다섯 명이 범인으로 지목되었다. 이들은 이전에도 유색인 청소년들을 칼로 공격하거나 위협한 전력이 있었고 주변 동네에서 악명을 떨치고 있었다. 이들은 그저 흑인이기 때문에 로렌스와 브룩스를 공격했던 것이다. 이 사건은 인종차별 범죄였다.

그러나 경찰은 사건을 애써 인종차별과 연관시키지 않으려 했다. 경찰은 로렌스와 브룩스가 무고한 희생자라는 사실을 믿을 수가 없었다. 흑인 청년들 쪽에서 뭔가 나쁜 짓을 했기 때문에, 즉 그럴 만한 일을 했기 때문에 공격을 당한 것이라고 결론짓고 싶어 했다. 흑인 청년들이 아무런 나쁜 짓을 하지 않았는데 백인 청년들이 공격을 가했다는 것은 상식적으로 있을 수 없는 일이라고 생각했던 것이다.

경찰은 이 사건을 인종차별 범죄로 보고 싶어 하지 않았을 뿐 아니라 약물과 관련된 두 흑인 폭력단원 사이의 다툼일 가능성에 집착하느라 정작 용의자로 지목된

　　　　혐오가 그/그녀를 죽였다

백인 청소년들에 대한 수사를 소홀히 했다. 로렌스의 유족은 경찰의 미온적인 수사와 차별적인 태도에 절망했다. 유족들은 때마침 영국을 방문 중이던 넬슨 만델라를 만나 사건을 설명했다. 만델라가 (남아프리카공화국도 아니고) 영국에서 혐오 범죄로 흑인 청년이 살해될 거라고는 상상도 하지 못했다는 발언을 공개적으로 하자, 경찰의 사건 처리에 대한 여론의 비난이 높아졌다. 그제야 경찰은 용의자로 지목된 백인 청소년 다섯 명에 대한 검거에 나섰다. 용의자들 중 네 명이 체포된 것은 사건이 벌어진 지 한 달 남짓 지난 6월 초순이 되어서였다. 용의자를 체포할 만한 충분한 정황증거와 법적 근거가 있었음에도 이례적으로 늦게 이루어진 체포였다. 그리고 이들 중 두 명만이 살인 혐의로 기소되었으나 1993년 7월 증거 불충분으로 기소는 철회되고 만다. 경찰은 이들에 대한 재기소 내지 다른 세 명에 대한 기소는 없을 것이라는 점을 분명히 했다.

영국 형사 사건의 경우 일반적으로 수사는 경찰이, 기소는 검찰(Crown Prosecution Service, CPS)이 한다. 그러나 경찰이나 검찰에 의지하지 않고 사적으로 형사 절차를 진행할 수도 있다. 이를 사인 소추(private prosecution)라고 한다. 로렌스의 유족은 아들의 죽음에 대해 사인 소추를 진행하기로 결정했다. 영국 사법 역사상 이 사건 이전에 살인 사건에 대한 사인 소추가 진행된 것은 적어도 150년 전이라고 하니 로렌스 사건은 근대 이후 살인 사건과 관련해 진행된 최초의 사인 소추 사건이라고 하겠다. 사인 소추를 진행하기 위해서는 적지 않은 돈이 필요하다. 만일 소송에서 지게 되면 상대방의 소송 비용까지도 지불해야 할 터였다. 비용을 마련하기 위해 로렌스 유족과 이들 유족을 지지하는 사람들은 모금에 나섰다.

풀려난 뒤로도 계속된 가해자들의 악행

로렌스가 살해된 날로부터 정확히 만 2년째가 되는 1995년 4월 22일, 유족들은 법원으로부터 용의자들에 대한 체포 영장을 발부받았다. 애초에 용의자로 지목됐던 청소년 다섯 명 중 세 명이 체포돼 구금되었다. 그러나 그로부터 다시 1년이 지난 1996년 4월, 이들에 대한 형사 재판은 실패로 돌아갔다. 판사는 브룩스의 증언이 믿을 만하지 않다고 판단했다. 브룩스는 사건 이후 외상후 스트레스 장애를 겪고 있었고 그의 증언은 판사를 설득할 만큼 일관되지 않았다. 판사는 브룩스의 증언을 증거로 채택하지 않았다. 세 명의 피고인은 무죄 방면되었다. 따라서 이들은 로렌스의 죽음과 관련해 다시는 재판을 받지 않을 것이었다. 이중재판 금지 원칙 때문이다.

하지만 유족들과 그들을 지지하는 사람들은 포기하지 않았다. 그들은 흑인 청년의 어이없는 죽음과 그 처리 과정을 둘러싼 정의의 실종에 맞서, 이 모든 일들을 둘러싼 인종차별에 맞서, 인종차별에 눈 감고 있는 영국 사회에 맞서 힘겹고 지루하게 싸워나갔다.

로렌스의 죽음의 주요 목격자로서 브룩스는 사건 이후 늘 안전에 위협을 느꼈다. 그의 차나 집은 종종 부서져 있었다. 그가 용의자로 지목한 자들은 갱단의 멤버였고 늘 폭력적으로 행동했으니 이런 사실만으로도 그는 위험에 처해 있는 셈이었다. 용의자들은 크고 작은 범죄를 계속해서 저질렀고, 그중에는 명백한 인종차별 범죄도 포함돼 있었으나 구금되지는 않았다. 인종차별주의자들은 브룩스를 싫어했고, 영국 사회에 만연한 인종차별로부터 눈을 돌리고 싶은 사람들 또한 그를 싫어했다.

더구나 그는 끊임없이 경찰을 비난했으므로 경찰에 의해서도 괴롭힘을 당했다. 아무런 이유 없이 불심검문을 당하곤 했으며, 별다른 근거 없이 기소되곤 했다. 그는 성폭력으로 기소된 적도 있는데, 피해자로 지목된 여성 스스로 성폭력을 당하지 않았다고 밝혔으나 경찰은 이를 무시했다. 한번은 자기 차를 몰고 가다 차를 훔쳤다는 이유로 기소당한 일도 있었다. 이런 기소는 곧바로 철회되거나 절차 진행조차 되지 않았지만 그의 인생을 힘들게 만들기에는 충분했다. 그럼에도 불구하고 브룩스는 친구의 죽음에 대해 나서서 발언해야 할 일이 생기면 늘 피하지 않았다.

흥미로운 것은 로렌스의 부모가 다른 누구보다 브룩스를 용서하지 않는 것처럼 보였다는 점이다. 로렌스의 어머니는 브룩스를 아들의 친구로서 썩 내켜하지 않았다고 한다. 아들이 브룩스와 어울리지 않았다면 사건이 벌어진 날 일찍 집에 돌아왔을 것이라는 취지의 발언을 한 적도 있다. 브룩스 역시 스스로를 쉽사리 용서하지 못하는 것처럼 보였다. 그로서는 친구를 구하지 못했다는 자책감을 떨칠 수가 없었다. 그럼에도 불구하고 그들은 각자 할 수 있는 방식으로 로렌스의 죽음에 대한 전투를 계속해 나갔다. 이들의 인생은 로렌스가 죽던 그 밤부터 돌이킬 수 없이 총체적으로 달라져버렸던 것이다.

"틀렸다면 우리를 고소하라"

1997년 2월, 로렌스의 사망과 관련한 심리(사망의 원인을 규명하기 위한 사법 절차, 형사 절차와 별도의 것이다)가 행해졌으나 용의자들은 묵비권을 행사했다. 새롭게 밝혀진 것은 아무것도 없었다. 그러나 심리를 담당한 배심원들은 '피해자가 전혀 촉발하지 않았음에도 불구하고 다섯 명의 백인 청년들이 저지른 인종혐오적 공격에 의해' 로렌스가 불법적인 죽음을 맞았다고 결론 내렸다.

다음 날 대중지인 〈데일리 메일〉은 용의자 다섯 명의 얼굴을 1면 머리기사로 실었다. 대문자로 큼지막하게 적은 '살인자들'이라는 표제를 단 채였다. 〈데일리 메일〉은 그 아래 "본 신문은 이들이 사람을 죽였다고 비난하는 바이다. 틀렸다면 우리를 고소하라"라는 도발적인 부제를 달았으나, 용의자 중 아무도 이 신문을 고소하지 않았다. 용의자들과 이 사건을 수사한 경찰에 대한 비난의 목소리가 더욱 높아졌다.

같은 해 1997년 여름, 내무부는 드디어 이 사건과 관련해 전반적인 조사를 실시할 것을 명했다. 조사가 시작된 지 1년 6개월이 경과한 뒤 조사 결과가 보고서 형식으로 발표됐다. 책임자인 퇴직 판사의 이름을 따 '맥퍼슨 보고서'라고 명명된 이 보고서에는 당시 수사를 진행한 런던 경찰이 무능했고, 현장 응급조치 및 수사와 체포 등에 있어 근본적인 과실을 자행했으며, 조직 자체가 제도적으로 인종차별적(institutionally racist)이라는 내용 등이 담겼다. 제도적 인종차별이란 한 조직 전체가 상대하는 사람의 피부색, 문화적 배경, 인종 등을 이유로 전문적인 서비스를 제공하지 않는 것을 말한다. 이것이 절차, 태도, 행동 등으로 나타나면서 소수인종 그룹에 속해 있는 사람들에게 불리하게 작용하는 무심한 편견, 무지, 사려 깊지 못함, 인종에 따른 전형적 취급 등을 통해 결국 차별로 귀결된다는 것이다. 로렌스의 죽음에 대한 수사, 나아가 그 과정에서 브룩스에게 보인 경찰의 태도는 제도적인 인종차별이 무엇인가를 보여준 실례라고 할 수 있을 것이다.

또한 보고서는 70개의 권고사항을 담고 있었다. 이중 하나가 일정한 경우 이중재판 금지 원칙을 폐기하는 것이었다. 2003년 이 권고를 반영하여 법이 개정되었고, 개정된 법은 2005년 실행되었다. 이로써 살인 및 기타 몇 가지 중범죄 사건의 경우 새롭고도 실질적인 증거가 발견되는 한 이미 무죄 방면된 피고인이라 할지라도 일정한 절차적 요건을 거쳐 다시 재판할 수 있게 된 것이다.

19년 만에 이끌어낸 유죄 판결

2006년 6월, 그때까지도 미제 사건으로 취급되고 있던 로렌스 사건에 대한 조사가 다시 시작되었다. 새로운 과학적 기법을 사용해 증거를 재조사한 결과, 용의자 중 한 명의 재킷에서 로렌스의 혈흔이 발견됐다. 혈흔 상태로 보아 살인 현장에서 즉시 묻은 것이 아니라면 남을 수 없는 것이었다. 또한 로렌스가 피살 당시 입고 있던 옷의 섬유 가닥과 그의 머리카락이 용의자 두 명이 당시 입고 있던 옷에서 발견되었다. 1996년 당시의 과학기술로는 이러한 증거들을 밝혀내기 어려웠을 것이었다. 이 증거들은 새로운 것이었고 새로운 증거가 있다면 이미 같은 범죄라 할지라도 다시 재판할 수 있도록 법이 개정되었으니 용의자들은 다시 재판에 회부됐다.

2012년, 재판에 회부된 두 명의 피의자에게 마침내 로렌스의 살해와 관련하여 유죄가 선고되었다. 로렌스가 오로지 피부색만을 이유로 무참한 죽임을 당한 지 19년 만의 일이었다. 다만 용의자들에게는 범행 당시 미성년자였다는 점을 고려하여 형이 선고되었다. 이들은 각각 15년 2개월과 14년 3개월의 최소 형기를 채워야만 석방될 수 있다.

이러한 결과가 나오기까지 언론은 이 사건을 지속적으로 환기시켰다. 2006년 7월 〈데일리 메일〉은 1997년의 그 유명한 기사, 즉 '살인자들'이라는 표제 아래 용의자들 다섯 명의 사진을 게재했던 그 기사를 다시금 1면에 실었다. 2010년, 용의자 다섯 명 중 한 명이 마약 소지 혐의로 유죄 판결을 받았을 때 〈인디펜던트〉는 이 사실을 보도하면서 그가 '인종혐오 범죄 중 가장 유명한 사건'인 로렌스 살인 사건과 관련이 있다는 점을 지적하기도 했다.

사건 발생 이후 오랜 시간이 흘렀다. 로렌스 살인 사건은 오늘날 영국에서 인종차별적 살인 사건의 대명사로 여겨진다. 이 사건을 계기로 경찰 등 국가기관이 소수인종을 대하는 관점 및 태도에 문제가 있다는 지적이 공개적으로 제기됐다. 사회 전반적으로도 정치적 공정함이 중대한 논의로 떠올랐다. 말하자면 스티븐 로렌스의 죽음은 영국 사회가 그 이전과는 다른 사회가 되는 분기점으로 작용했다고 할 수 있다.

그사이에 브룩스는 정치인이 되었다. 지역의회 의원을 지냈고, 런던시장 후보 경선에 출마하기도 했다. 로렌스의 어머니인 도린 로렌스는 아들의 이름을 딴 '스티븐 로렌스 재단'을 만들고 아들의 죽음뿐 아니라 다른 인종차별 범죄 희생자들의 사건 해결을 지원하는 한편 경찰 개혁에 목소리를 높이는 활동을 계속했다. 그 결과 2013년에는 작위를 수여받고 상원의원이 됐다.

그렇다고 해서 2019년의 영국 사회가 인종차별에서 완전히 자유로운 사회가 되었다고 한다면, 누구도 그 말에 동의할 수는 없을 것이다. 영국 경찰은 여전히 제도적으로 차별적인 부분이 남아 있다는 비난을 받는다. 경찰 간부 후보생이 잠입 취재를 하던 기자에게 '로렌스는 죽어 마땅했으며, 그의 유족은 공적자금으로 살아가는 존재'라는 취지로 말한 것이 보도된 일도 있었다. 한편으로는 이 사건 처리에 반발해 유색인종 청소년에 의해 백인 청소년이 당하는 피해 역시 인종차별 범죄로 취급돼야 하며, 백인 청소년이 당하는 인종차별 범죄는 상대적으로 덜 주목받는다는 목소리가 등장하기도 했다.

다만 이제는 누구도 영국 사회에서 인종차별 범죄

란 없다고 주장하지 않는다는 것이 핵심이다. 엄연히 존
재하는 차별을 인정한 다음으로는 이를 해결하기 위해
할 수 있는 한 최선의 노력을 기울이는 것, 이것이야말
로 한 사회가 앞으로 나아가기 위한 첫 단계일 것이다.

그들은 가장 만만한 타깃이었다

1993년 정초, 38세의 콜린 아일랜드는 새해 결심을 했다. 콜린의 아버지는 콜린이 태어나자마자 겨우 열일곱 살 먹은 그의 어머니를 버리고 떠났다. 그는 아버지의 이름조차 모르고 살았다. 아일랜드는 어머니의 처녀시절 성이다. 어머니의 첫 번째 재혼 상대를 따라 성을 한 번 바꾼 일이 있으나 어머니가 두 번째 남자를 만나자 그 성을 따르는 것을 거부하고 어머니의 성으로 되돌아왔다. 보호시설을 전전하며 자란 그는 이런저런 사소한 범죄들을 저지르며 어른이 되었다. 경제적으로는 극빈층이었다. 짧은 기간 군 복무를 마친 후에도 절도나 강도, 협박과 같은 범죄들을 끊임없이 저질렀다. 제대로 된 교육을 받은 일이 없고, 이렇다 하게 내세울 기술도 없고, 버젓한 직업을 가진 적도 없었다. 몇 차례에 걸친 동거와 결혼도 실패로 끝났다. 그 자신 홈리스로서 한때 홈리스 보호시설 일꾼으로 일한 적도 있지만 누군가의 무고로 쫓겨났다. 그는 가진 것이 없는 데다 살 곳도 없었고, 무엇보다 앞날에 관한 아무런 희망도 없었다. 이런 그가 '유명하고 중요한 사람이 되어 역사에 이름을 남겨야겠다'는 마음을 먹었던 것이다. 그는 연쇄살인범이 되기로 결심했다.

콜린 아일랜드는 모두 다섯 명을 죽였다. 탐독하던 범죄 서적에서 FBI가 연쇄살인범으로 인정하는 것은 다섯 명 이상을 죽인 경우라고 읽었기 때문이다. 하지만 그가 체포된 후 FBI는 이것은 사실이 아니며, 세 명 이상 살해하면 연쇄살인범으로 분류된다고 밝혔다. 결국 그는 불필요하게 두 사람을 더 죽인 셈이다.

유명해지고 싶다는 열망이 부른 비극

그가 선택한 살해 대상은 피학 성향을 가진 동성애자였다. 그는 10대 시절 동성애자로부터 원하지 않는 성적 접촉을 당한 데서 품고 있던 분노가 동성애자들을 살해 대상으로 고른 원인 중 하나라고 밝혔다. 콜린 아일랜드는 자신은 동성애자가 아니라고 주장했다. 실제로 그는 여러 차례 여성들과 연애 및 결혼을 했다.

동성애자들은 또한 손쉬운 타깃이기도 했다. 동성애자는 잘 알지 못하는 사람과 일회성 관계를 맺는 경향이 있고 주변 관계가 단절되어 있는 경우가 흔하다고 판단했다는 것이다. 더구나 피학 성향을 가졌을 경우 신체적 구속에 자발적으로 응하므로 제압하기 쉽다고 생각했다고 직접 밝혔다. 더 나아가 그는 동성애자들이 줄줄이 죽임을 당하더라도 사회가 그들의 죽음을 동정함으로써 사회적 공분을 불러일으키지는 않으리라고 계산했다. 당시는 에이즈가 동성애로 인한 질병이고, 세계적으로 1,000만 명이 인체면역결핍바이러스(HIV, 에이즈를 일으키는 바이러스) 양성반응자이며, 에이즈가 25세부터 45세 사이 남성의 최대 사망 원인이라고 알려졌던 시대였다. 록그룹 〈퀸〉의 리드 보컬 프레디 머큐리가 죽기 직전까지 에이즈 환자임을 숨기다 사망한 것이 1991년이었으니 1990년대 초반은 동성애자들에게 매우 좋지 않은 시절이었다.

아일랜드의 살인 방식은 늘 같았다. 그가 범행 대상을 물색한 런던 서북부의 동성애자 술집 콜헌 펍은 성적 기호에 따라 색깔이 다른 손수건을 갖고 있도록 했다. 상대를 쉽게 선택하기 위한 장치였다. 이 때문에 그는 손쉽게 취향에 맞는 희생자를 고를 수 있었다. 그는 관계에서 공격적이고 우위에 서기를 선호하는 자, 즉 '톱(top)'임을 나타내는 손수건을 소지한 채 수동적이고 피학적인 자, 즉 '바텀(bottom)'이라는 표식을 소지한 사람을 골랐다. 그리고 상대의 집으로 따라가 성적인 유희를 가장하여 상대를 결박해 반항할 수 없도록 만든 다음 목을 조르거나 질식시켜 죽였다. 그 뒤 살인 증거를 꼼꼼하게 인멸하고 천천히 사건 현장을 떠났다. 희생자들을 죽이기 전에는 대개 현금인출 카드의 비밀번호를 알아냈는데, 이는 약간의 돈을 인출해 다음번 살인을 저지를 때까지 생활비와 교통비로 사용하기 위한 것이었다.

살인 현장에 남겨진 곰 인형

1993년 3월, 그는 첫 번째 희생자를 선택했다. 40대 중반의 안무가이자 연출가인 피터 워커였다. 워커는 HIV 양성 판정을 받고 불안한 마음을 수습하지 못하던 중이었다. 워커의 집으로 따라간 아일랜드는 그를 침대에 묶었다. 워커는 이 행위가 성적인 유희를 위한 것이라고 생각했지만, 아일랜드는 워커를 심하게 고문하고 때린 뒤 비닐봉지를 씌워 죽여버렸다. 살인을 저지른 뒤 집을 뒤지다가 워커가 HIV 양성이라는 사실을 알게 된 아일랜

혐오가 그/그녀를 죽였다

드는 더욱 분노했다. 시체의 콧구멍과 입에 콘돔을 뭉쳐 쑤셔 넣고는 곰 인형 두 마리를 성교하는 자세로 만들어 시체 옆 침대 위에 올려놓았다.

워커가 죽었다는 사실은 이틀이 지나도록 알려지지 않았다. 언론 보도가 나오기를 기다리다 지친 아일랜드는 대중지 〈더 선〉에 전화를 걸어서 자신이 살인을 하겠다는 새해 결심을 하고 이를 실행했는데, 죽인 남자의 집에 개 두 마리를 가둬놓고 와서 개들이 걱정된다고 말했다. 같은 해 5월 말경, 아일랜드는 30대 후반의 사서 크리스토퍼 던을 첫 살인과 유사한 방식으로 죽였다. 경찰은 던의 죽음이 성적 유희를 나누던 도중 사고로 벌어진 것이라고 추정했다. 경찰의 추정은 며칠 뒤 사망자의 계좌에서 돈이 빠져나가자 뒤집힐 수밖에 없었다. 그러나 경찰은 두어 달 전에 벌어진 살인 사건과 던의 사망을 연결시킬 생각은 하지 못했다.

다음 희생자는 30대 중반의 미국인 페리 브래들리 3세였다. 두 번째 살인에서 두 달이 경과한 7월의 일이었다. 유력한 민주당 정치인을 아버지로 둔 부유한 사업가였던 그는 가족들에게 자신이 동성애자라는 사실을 숨기고 살았다. 브래들리는 이전 희생자들과 마찬가지로 발가벗은 채 묶이고 목 졸린 시체로 발견되었다. 아일랜드는 시신 위에 성적인 자세를 취한 플라스틱 인형을 올려놓았다. 브래들리의 시체가 발견된 지 며칠 후 아일랜드는 경찰에 전화를 걸어 자신이 '그 미국인'을 죽였다며 현장의 단서를 찾아 어디 한 번 범인을 잡아보라고, 동성애자의 죽음 따위에는 관심이 없는 거냐고 도발했다. 그리고 다음 살인을 예고했다. 아일랜드의 살인 행각은 최고조로 치닫고 있었다. 경찰에 전화를 건 지 불과 몇 시간 후, 아일랜드는 30대 초반의 앤드루 콜리어를 목 졸라 죽였다. 그의 고양이 역시 목을 졸라 죽였다. 고양이의 꼬리와 사체의 성기에 콘돔을 씌우고 고양이의 꼬리를 사체의 입에, 사체의 성기를 고양이의 입에 쑤셔 넣은 다음 현장을 떠났다. 그 방 창틀에 자신의 지문 하나가 남았다는 걸 모른 채였다.

일주일 후인 7월 15일, 아일랜드는 다섯 번째이자 마지막 희생자를 골랐다. 40대 초반의 요리사 이매뉴얼 스피테리였다. 스피테리를 죽인 아일랜드는 냉장고를 뒤져 음식을 꺼내 먹고 텔레비전을 보면서 하룻밤을 보낸 후 방에 불을 지르고 떠났다. 하지만 불은 별다른 피해를 내지 못하고 곧 꺼졌다. 경찰은 아일랜드가 다음 날 전화를 걸어서 알릴 때까지 화재 현장에 시신이 있다는 것은 물론 화재 사실조차 모르고 있었다.

동성애자의 제보를 꺼리게 만든 '스패너 판결'

경찰은 그제야 연쇄살인범이 활보하고 있다는 것을 깨닫고 대규모 공개수사로 전환했다. 경찰은 마지막 희생자가 범인과 같이 기차로 이동했다는 사실을 파악했다. 둘이 나란히 서 있는 CCTV 영상을 발견한 경찰은 이를 언론에 공개했다.

아일랜드는 영상이 공개된 지 나흘 만에 경찰에 자수했지만 처음엔 살인을 부인했다. 스피테리와 같이 방으로 간 것은 맞지만 스피테리를 다른 남자와 함께 있게 두고 떠났다고 주장했다. 그러나 스피테리와 콜리어의 살인범으로 기소되었고 곧 다섯 건의 살인을 인정했다. 그는 가석방이 없는 종신형 다섯 번을 선고받았다. 수감 도중 감방을 나눠 쓰는 동료 재소자를 죽였지만 기소되지 않았다. 더 이상 처벌할 수 있는 방법이 없는 상태에서 그를 기소하는 것은 무의미하다는 판단 때문이었다. 그는 감시가 엄중한 교도소로 이송되어 독방에 수감되어 있던 중 2012년 폐질환으로 사망했다.

아일랜드가 연달아 다섯 건의 범행을 저지르는 동안 잡히지 않은 것은 동성애자를 타깃으로 삼은 그의 의도가 통했기 때문이라고 볼 수밖에 없다. 사건 초기 런던의 동성애자들 사이에서는 동성애자들을 타깃으로 한 살인범이 날뛰고 있다는 소문이 돌았다. 하지만 경찰은 문제의 게이 펍에 드나들던 동성애자들로부터 아무런 제보나 도움을 받지 못했다. 1993년 초에 있었던 이른바 스패너 판결(R v Brown 판결) 때문이었다. 스패너 판결은 동성애 혐오적인 것으로 악명이 높은데, 이 사건을 간략히 설명하자면 아래와 같다. 1987년 맨체스터 경찰은 비디오 클립 한 개를 입수했다. 동성애적인 가학 및 고문 행위가 벌어진 끝에 사람이 죽는 장면이 담긴 사제 비디오였다. 수사에 착수한 경찰은 비디오상으로는 살해당한 것으로 보였던 사람들이 사실은 멀쩡히 살아 있다는 것을 발견했다. 더구나 비디오에 나타난 모든 행위는 성인인 당사자들의 상호 합의하에 이루어진 것이었다. 하지만 경찰은 가해자들을 상해 혐의로, 피해자들을 공범 및 방조 혐의로 기소했다. 결국 열여섯 명이 형사 처벌되었다. 이성애자들이 가학적 성행위를 하다 상해를 입는 사건이 발생한 경우 기소조차 되지 않거나 설령 기소된다고 하더라도 대개 유죄 판결을 받지 않는 경향과는 매우 대조적이라 할 수밖에 없었다. 이 사건에 대한 대법원의 확정 판결이 있었던 것이 1993년 초의 일이다. 따라서 콜린 아일랜드의 동성애자 살인이 계속 일어나던 바로 그 당시에는 가학적 성행위에 가담한 경험이 있는 동성애자들은 공연히 나섰다가 오히려 자기들이 형사적 처벌을 받을 수도 있겠다는 두려움을 강하게 느꼈던 것이다.

공개석상에서 버젓이 행해진 혐오 발언

사회의 가장 어두운 한 구석에서 그 스스로 매우 취약한 위치에 있던 남자가 거듭되는 절망과 자포자기 끝에 '유명해지기 위해서', 역시 사회적으로 매우 취약한 지점에 서 있는 사람들을 죽이기로 결심하고 나섰다. 그리고 겨우 넉 달 만에 다섯 명이나 아무런 제지를 받지 않고 죽여버릴 수 있었다. 가장 전형적으로 한 종류의 약자가 다른 종류의 약자를 사냥하는 비극이 발생한 셈이다. 사회로부터 아무런 주목도, 보호도 받지 못했던 가해자와 피해자 사이에서 벌어진 일이어서 더욱 비극적이다. 그 암울했던 시대에 비한다면 20여 년이 경과하는 동안 적어도 서구의 인권 의식은 크게 발전했다. HIV 감염과 성적 취향 사이에는 상관이 없다는 것 또한 의학적 상식으로 자리 잡았다.

그러나 같은 시기 한국의 이른바 보수 정당 대선 후

보자는 TV 토론에 나와 "동성애 때문에 에이즈가 창궐한다"고 버젓이 선동을 했고 아무런 제재를 받지 않았다. 상식이 부정되는 혐오 발언임에도 불구하고 말이다. 비난의 목소리도 그리 높지 않았다. 그러니 '우리는 저 야만적인 시대로부터 얼마나 멀리 온 것일까' 하는 생각이 들지 않을 수 없다. 성소수자를 차별해서는 안 된다는 내용의 법을 제정하는 것은 언제가 되어야 가능할지, 더더욱 갈 길이 멀다. 이런 좌절이 저 유명한 사건에 대하여 글을 쓰게 된 계기였는데, 잡지에 게재했을 때 독자 반응은 그리 좋지 않았다. 반응이 나빴다는 의미가 아니라 반응 자체가 별로 없었다는 이야기다. 이 케이스가 그저 남의 이야기로만 읽혔던 것일까. 감정이입은 깊지 않고 그저 엽기적인 연쇄살인 사건으로 보여 불쾌하기만 했던 것일까.

그 이민자는 죽을 때까지 경찰을 믿었다

비잔 에브라히미는 2000년 이란에서 영국으로 건너왔다. 난민 신청이 받아들여진 이듬해 영주권을 얻었다. 그는 영국 남부의 도시 브리스톨에 정착했다. 처음 배정받은 주택 단지에서 에브라히미는 이웃 주민들로부터 지속적인 괴롭힘에 시달렸다. 2005년에 주민 중 한 명이 그에게 끓는 물을 붓는 사건이 있었고, 결국 그는 다른 단지로 배정받아 이사했다. 이후 2013년 살해당하기까지 그는 한 차례 더 집을 옮겨야만 했다. 2008년부터 죽기 직전까지 그가 경찰 및 999(한국의 119에 해당한다)에 전화를 건 횟수는 총 86차례에 달하는데, 대개는 인종차별적인 욕설이나 그리 심각하지는 않은 공격을 당했다는 내용이었다. 이런 시달림 외에 그는 죽여버릴 거라는 협박을 받은 일도 있었다. 이웃 주민들은 그를 차로 치고 침을 뱉는가 하면 그의 집에 불을 지르기도 했다. 한번은 누군가 에브라히미 차에 페인트로 크게 '변태(pervert)'라는 글자로 낙서한 적도 있었다.

에브라히미에 대한 이웃 주민들의 이토록 집요한 미움에는 잘 납득할 수 없는 부분이 있다. 그 이유를 명확히 설명하는 기사는 찾을 수 없었다. 그에게는 아동성애자라는 소문이 계속 따라다녔는데, 이 같은 소문에도 사실 근거가 없었다. 그는 매우 조용하고 수줍음이 많은 사람이었다. 마흔네 살에 죽기까지 결혼을 한 적이 없었다. 여자를 사귄 것 같지도 않다. 그가 유일하게 아끼고 자랑스러워한 것은 직접 가꾸는 집 앞의 꽃밭이었다. 이웃 주민들은 동네 아이들에게 그의 꽃밭을 망쳐버리라고 부추기곤 했다. 그가 유일하게 사랑했던 것은 고양이 무쉬였다. 그래서 그의 고양이를 발로 걸어차는 사람들도 있었다.

무시당하면서도 늘 경찰에 신고했던 남자

2013년 7월 11일, 에브라히미는 경찰에 전화를 걸어 이웃에 사는 리 제임스가 집에 들이닥쳐 자신을 위협하고 있다고 신고했다. 경찰이 도착해 보니 리 제임스뿐만 아니라 한 무리의 사람들이 흉흉한 분위기로 에브라히미

집 주변을 둘러싸고 있었다. 주민들은 에브라히미가 아동성애자라고, 아이들의 사진을 찍었다고 주장했다. 경찰을 부른 것은 에브라히미였지만 경찰은 오히려 그를 체포해 갔다. 몰려든 사람들은 그가 경찰에게 끌려 나갈 때 환호성을 질렀다.

경찰은 그의 집은 물론 카메라와 비디오, 컴퓨터 등을 샅샅이 수색했으나 아동성범죄와 관련한 아무런 혐의점을 찾을 수 없었으므로 다음 날인 7월 12일 그를 풀어주었다. 석방된 그날 하루 동안 에브라히미는 경찰에 총 열두 차례 전화를 걸어 생명의 위협을 받고 있다고 호소했다. 경찰은 그러나 아무런 조처를 취하지 않았다. 7월 13일에도, 리 제임스로부터 주먹으로 맞고 발로 차여 죽임을 당한 날인 7월 14일에도 에브라히미는 경찰에 전화를 걸었다.

리 제임스는 언젠가는 에브라히미를 죽여버릴 거라고 공공연하게 떠들어댔고, 길에서 마주치면 면전에서 욕설과 협박을 하곤 했다. 에브라히미의 집에 불을 질러버리겠다고 소리를 지른 일도 있었다. 7월 13일 밤 제임스는 술에 취한 채로 에브라히미의 집에 또다시 찾아와 소리를 질러댔다. 그날 에브라히미가 촬영한 동영상에는 제임스가 에브라히미에게 자기 딸들의 사진을 찍지 말라고, 카메라를 내놓으라고, 사진을 삭제하라고 소리 지르는 모습이 고스란히 담겨 있었다. 즉, 제임스는 아마도 에브라히미가 아동성애자라는 소문을 완전히 믿고 있었던 것으로 보인다. 그러나 경찰은 이미 그 전날 에브라히미가 아이들의 사진을 찍은 일이 없고, 그에게 아동성애 관련 혐의가 없다는 것을 확정해 풀어주었다. 하지만 제임스에게 이미 '사실'은 중요하지 않았을지도 모른다. 그는 그저 에브라히미를 미워하고 있었을 뿐일지도 모른다. 그리고 그 조용한 이방인을 미워하는 데는 어떤 구체적인 이유가 필요 없었을지도 모른다.

7월 14일, 제임스는 에브라히미의 집에 다시 쳐들어가 마침내 그를 때려죽였다. 그동안 쓰러진 에브라히미의 머리를 죽을 때까지 계속 발로 짓밟고 쿵쿵 걷어차면서 "어디 맛 좀 보라"고 외쳐댔다. 제임스는 친구인 스티븐 놀리와 함께 죽은 에브라히미를 집 바깥으로 끌어낸 후 처참한 모습의 시체에 휘발유를 뿌리고 불을 붙였다. 그리고 제임스는 집으로 돌아가 동거녀에게 마침내 자신이 그를 처리했다고, 일이 드디어 "제대로 되었다"고 말했다.

근거 없는 의심이 부른 살인

말하자면 제임스는 에브라히미를 죽이는 것을 정의를 위해 마땅히 해야 할 일로 보았다. 그를 못살게 굴던 이웃 사람들 역시 비슷하게 자신들의 행동을 정당화시키고 있었을 것이다. 자신들은 무고한 이민자를 못살게 구는 것이 아니라 악당을 응징한 것이라고 말이다. 그러나 에브라히미가 '나쁜' 사람이라는 직접적인 근거 또는 믿을 만한 근거는 전혀 없었다. 경찰이 내린 무혐의 처분은 사람들이 에브라히미에 대해 품은 의심을 떨칠 수 있게 도움을 주기는커녕 제임스로 하여금 직접 나서서 그를 처리해야만 한다는 결심을 굳히게 만든 것 같다. 제임스가 보기에 그것은 살인이 아니고 정의를 바로 세우는 일이었다. 하지만 그것은 명백히 살인이다. 이 살인으로 제임스는 종신형을 선고받았고, 최소 18년을 복역해야 가석방이 가능하다. 공범인 놀리는 4년형을 선고받았다.

이 사건에서 더욱 의아한 것은 이토록 장기간에 걸쳐 이뤄진 집요하고도 근거 없는 박해에 대처하는 경찰과 관련 기관의 반응이다. 이들은 이웃들이 에브라히미를 줄기차게 못살게 구는데도 거의 아무런 조치를 취하지 않았고, 에브라히미에게 어떠한 도움도 주지 않았다. 경찰이나 지역의 공공기관은 그를 피해자가 아니라 계속 귀찮게 구는 말썽꾼으로, 거짓말쟁이로 여겼던 것으로 보인다. 아무리 그가 절박히 신고를 하더라도 단순히 사람들의 주목을 끌기 위한 것일 뿐, 도움을 호소할 만한 근거가 없는 징징거림으로 보았다. 그가 죽은 뒤에야 뒤늦게 이뤄진 조사에 따르면, 그에 대한 이웃들의 괴롭힘은 단순히 차별적 언사 정도에 그치지 않았다. 이웃 주민들의 협박은 말로만 그친 것이 아니었다. 이들은 실제로 그를 '못살게' 굴었고 끝내 에브라히미를 무참하게 죽였다. 그는 정말로 죽임을 당할 거라는 공포 속에서 떨며 살았고, 그 공포는 과장이 아니었다.

에브라히미의 누나들은 동생의 죽음과 관련해 경찰 및 공무원들이 단순히 게으르거나 사태를 간과한 것이 아니라 명백히 차별적이고 악의적이었다고 주장했다. 애초에 에브라히미에게 영국으로 오라고 권한 것은 그의 누나들이었다. 그는 형제들 중 가장 똑똑했지만 부모를 돌보느라 고등교육을 받지 못했다. 이미 영국에 정착해 있던 그의 누나들은 이 점을 매우 미안해했다. 누나들은 좀 더 가까이 살면서 동생을 돌봐주고 마음의 빚을 갚을 수 있기를 바랐다. 에브라히미는 척추와 무릎에

장애가 있었는데, 그 스스로도 영국에서는 더 나은 삶을 사는 것이 가능할 것이라고 생각했다. 동생 에브라히미가 마침내 영국에서 살 수 있게 되었을 때 누나들은 너무나 기뻐서 '달에 올라간' 기분이었다고 말했다. 그 기쁨이 결국에는 뼈저린 후회로 바뀌게 되었지만.

끝내 배신당한 '슬픈 믿음'

누나들의 끊임없는 문제 제기에 힘입어 에브라히미와 관련된 경찰 및 공무원들의 과실 여부에 대한 대대적인 조사가 벌어졌다. 그 결과, 중대한 과실을 이유로 경찰관 한 명과 공무원 한 명이 수감되었고 경찰 두 명이 해고되었다. 그가 잔인하게 살해당한 지 거의 4년의 시간이 경과한 후 발표된 경찰감독위원회(IPCC)의 보고서는 경찰 및 공무원들이 에브라히미의 끊임없는 도움 요청을 무시했고, 이는 의식적이든 무의식적이든 인종에 기반을 둔 차별이었다고 적시했다. 경찰은 '난민이자 이민자'인 에브라히미를 믿지 않았고, '원래 영국인'인 이웃 사람들을 믿었던 것이다.

수년에 걸쳐 지속적인 괴롭힘을 당하면서도 에브라히미는 늘 누나들을 안심시키려고 했다. 누나들에 따르면 그는 사람들을 지켜주는 것이 경찰의 의무라고, 떠나온 곳보다는 더 나은 나라, 곧 경찰이 사람들을 지켜주는 나라에 와 있다고 믿었다고 한다. 그는 늘 무시당하면서도 경찰에 신고를 했고 경찰이 와서 도와주기를 기다렸다. 결국에는 경찰이 와서 자기를 도와줄 거라고 믿으면서. 끝내 배신당해버린 이 슬픈 믿음을 보면서 '영국의 경찰이 지켜주는 사람들 속에 유색인이나 난민도 포함되는 것일까' 하고 역시 유색인인 나는 가끔 의심하지 않을 수 없다.

그런데 고개를 돌려 한국을 볼 때도 나는 같은 의심을 하지 않을 수 없는 것이다. 조금이라도 나은 삶을 찾아 익숙한 제 나라를 떠나온 이방인들에게 우리는 어떤 대접을 하고 있는 것일까. 에브라히미가 받은 것 같은 근거 없는 의심을 한국인들 역시 외국인들에게 하고 있는 것은 아닐까. 근거 없는 의심을 품고 끈질기게 이방인을 미워하고 배척하고 있는 것은 아닐까. 미움은 머지않아 비극적 결과를 가져올 게 분명한데도 오로지 그들이 낯설다는 이유만으로 그들 역시 우리와 같은 평범한 사람들이고 행복해질 권리가 있다는 사실은 무시하고 있는 것이 아닐까.

다행히도 영국은 공권력의 잘못된 행사를 시간과

비용과 노력을 들여 끈질기게 조사하고 처벌하며 사회적 반성의 기회로 삼기도 한다. 그러니 그나마 다행이라고 해야 할지 모르겠다. 비록 억울하게 죽은 사람을 살릴 수는 없겠지만 말이다.

기억해야 할 것은 희생과 통합

다들 설마하니 그런 일은 생기지 않을 거라고 예상했었다. 이제 와서 영국이 유럽연합(EU)을 떠나는 일은 없을 거라고 믿어 의심치 않았다는 이야기다. 그러기에는 영국, 특히 런던은 너무나 국제적인 도시다. 더구나 EU를 떠나다니. 사람과 물자의 자유왕래가 EU를 지탱하는 근본 이념이다. 브렉시트, 즉 영국이 EU를 떠나는 일이 생긴다면 이건 사람과 물건 모두 영국과 다른 EU 국가들 사이를 자유롭게 오갈 수 없음을 의미할 수 있는 것이다. 수많은 유럽 사람들과 수많은 유럽산 물자에 의지하지 않고는 버티기가 쉽지 않은 나라로서, 영국이 EU를 벗어나 독자적으로 생존하겠다고 결정한다는 건 거의 자살 행위처럼 보였다. 투표 당일 밤까지도 'EU에 남겠다(remain)'는 쪽이 약간 우세한 것으로 발표되었다. 그런데 새벽이 되어 깨어보니 결과가 뒤집혀 있었다. 사실은 결과 때문에 놀라 잠이 확 깨버렸다. 절대 생길 것 같지 않았던 일이 참말로 어이없이, 실제로 일어났다.

2016년 6월 23일, 브렉시트가 통과되었을 때 런던은 명백히 EU에 남겠다는 의견이 우세한 지역에 속했다. 주로 외국 회사들을 클라이언트로 두고 있는 직장 동료들은 충격에 휩싸였다. 회의가 소집되었고 유럽 출신 변호사들은 꽤 격앙된 모습이었다. '우리나라에서 나가라'는 말을 면전에서 들은 기분이었던 것이다. 그때 영국인 변호사가 이렇게 이야기했다. 런던에서 멀리 떨어진, 북쪽의 자기 고향 근처에 있는 동네들 역시 EU를 떠나는 쪽에 찬성했는데, 그 동네들은 다들 너무너무 가난한 곳이라고. 런던이나 런던 근교의 동네와는 사는 모습이 너무 다르다고. 외국과의 교류 때문에 풍족하지도 않고 외국인과의 교류도 거의 없다고. 그러니 거기 사는 사람들은 EU에 남는 것이 어떤 장점이 있는지에 대해 아는 바가 없다고.

희석된 가치가 낳은 사회 분열

사실 EU는 세계대전에 두 번이나 휩쓸린 서유럽 지역 국가들이 대규모 전쟁을 막기 위한 수단으로 만들어낸 것이다. 단일 시장으로 가져올 경제적 효과 역시 무시할 수 없지만 EU의 근본적인 철학은 서로 교류하면서 하나의 공동체를 이루어 다시는 예전 같은 대규모 전쟁이 일어나지 않도록 하겠다는 것이었다. 물론 소련(러시아)이나 미국에 공동 대응하자는 의미도 있었다. 그러나 세월이 흘러 참혹한 전쟁의 기억은 많이 희석되었고 이념은 그리 중요한 문제가 아니게 되었다. 반면 코앞에 당면한 난민 문제 및 상대적으로 경제가 불안정한 회원국들로 인해 불안감은 더 커진 것이겠다. 영국 사람들로서는 섬나라로서 오랫동안 독자적으로 살아온 정체성을 버리고 대륙의 결정에 끌려간다는 불만도 컸을 것이다. 실제로 선거 기간 중 강력하게 먹힌 논리 중 하나가 영국이 EU에게 주권을 침해당하고 있다는 것이었다.

당시 투표 결과를 'EU에 남겠다(remain)'는 의견이 우세한 지역을 파란색, '떠나겠다(leave)'는 쪽 의견이 우세한 지역을 빨간색으로 표시한 지도를 보면 대비가 매우 뚜렷하다. 런던 및 그 근교는 파랗다. 그 이외 지역은 온통 빨갛다(그리고 다시 스코틀랜드와 북아일랜드는 파란색이지만 이건 잉글랜드에 대한 반감이 섞인 탓이 크다. 즉 '피치 못하게 마음에 안 드는 잉글랜드와 한통속으로 묶여서 고립되느니 차라리 악착같이 유럽에 붙

겠어' 이런 감정이랄까).

　다시 말해 외국인을 자주 접할 수 있고, 외국 관광
객들이 뿌리는 돈이 무시할 수 없는 중요한 요소이고,
외국 자본 및 인력이 주는 효용이 매우 뚜렷한 지역, 즉
EU와의 교류가 수월한 것이 유리한 지역, EU 구성원으
로 남아 있음으로써 확실히 누릴 것이 있는 지역들만 남
기를 원했다는 이야기다. 그렇지 않은 곳들은 EU에 남
는 것에 대한 실용적 설득이고 이념적 당위성이고 뭐고
다 그냥 싫은 거고. 본인들 근근이 살기도 힘들어 죽겠
는데 외국인들, 주로 동유럽 사람들이 대거 유입됨으로
써 그나마 부족한 일자리를 빼앗아가는 것 같았을 것이
다. 정말로 외국인 노동자들이 하는 일을, 그들이 받는
수준의 임금을 받으면서 영국인들 스스로 할 것인지는
별론으로 하고 말이다.

"반역자에게 죽음을, 영국에 자유를"

조 콕스는 영국 중부 웨스트요크셔에 있는 지역구 배틀
리 앤 스펜의 노동당 소속 하원의원이었다. 콕스는 영국
이 EU에 남아야 한다는 입장이었고, 지역구에서 브렉시
트에 반대하는 캠페인을 활발히 펼쳤다. 살해당하던 날

인 2016년 6월 16일, 지역구 중 한 동네인 버스톨의 공공도서관 앞에서 '영국이 왜 유럽연합에 잔류해야 하는가'라는 의제로 지역민들과 만남 행사를 하려던 참이었다.

그녀가 차에서 내리는 순간, 한 남자가 다가와 총을 쏘았다. 근처를 지나가던 노인이 이를 막으려고 하자 남자는 노인도 칼로 찔렀다. 콕스에게 다가간 남자는 그녀의 심장, 폐, 간, 위 등을 이번에는 칼로 수차례 찔렀다. 그러고는 머리 부분을 보호하기 위해 속절없이 올린 그녀의 손등에 대고 총을 쏘았다. 남자는 냉정을 잃지 않았다. "영국이 먼저야(Put Britain first)" "영국이 늘 먼저야" "영국의 독립을 지켜라"라고 반복해서 말했다. 마침내 남자는 마치 처형을 하듯 콕스의 관자놀이에 대고 총을 쏜 다음 "이건 영국을 위해서야!"라고 외쳤다. 그리고 쓰러진 콕스를 다시 한 번 살펴보고는 아무 일도 없었다는 듯 천천히 거리를 걸어 내려가기 시작했다. 경찰이 덮쳤을 때 남자는 저항하지 않고 순순히 체포에 응했다. 물론 그는 살인죄로 기소되었다. 첫 번째 공판 기일에 판사가 이름을 묻자 살인범은 "내 이름은 '반역자에게 죽음을, 영국에 자유를(death to traitors, freedom to Britain)'이다"라고 말했다.

살인범은 53세의 백인 남자였다. 그는 어린 시절 부모의 이혼으로 조부모의 집이 있는 버스톨로 왔다. 조부모가 모두 사망한 후 그는 그 집에서 20년간 혼자 살았다. 시가 저소득층을 위해 제공한 방 세 개짜리 집이었다. 제대로 된 직업을 가져본 일도 없고 편히 이야기하거나 서로 방문할 단 한 명의 친구도 없었다. 공공도서관에 자주 드나들었지만 사서와 인사를 하지도, 눈을 마주치지도 않았다. 아는 사람들은 그를 이상하지만 무해한 사람으로 기억했다. 정원 가꾸기를 좋아하는 사람이었고 길 잃은 고양이들에게 먹이를 주곤 하는 조용한 사람이었다. 이웃 사람들은 정치적이거나 인종차별적인 이야기를 그에게서 들어본 일이 없다고 했다.

그러나 지역의 택시 기사들은 그를 전혀 다른 사람으로 기억하고 있었다. 그는 유색인 기사에게는 돈을 내면서 반드시 인종차별적 욕설을 내뱉는 것으로 잘 알려진 손님이었다. 그가 홀로 틀어박혀 있던 집에서 경찰은 서가에 가득한 네오나치 및 백인우월주의 서적들과 나치의 기념품들을 찾아냈다. 인종주의에 대한 그의 관심은 상당히 오래된 것으로 보였다. 그가 조립식 권총, 인종주의 서적, 나치 문건들을 주문하기 시작한 것은 1990년대로 거슬러 올라간다고 밝혀졌다.

그는 백인들이 점점 핍박받는 세상이 되어간다고 생각했다. 유색인들이 세상을 지배할 것이라는 망상에 사로잡혔다. '적'보다 더 용서할 수 없는 것은 '반역자', 즉 백인 진보주의자들과 언론이었다. 그는 인종 갈등과 관련해 흑인을 편드는 언론에 대한 불만을 미국의 잡지에 투고하곤 했다. EU 가입 후 주위에 외국인 숫자가 늘어나자 그의 불만과 불안은 더 깊어졌다. 그는 자신이 사는 공영주택도 외국인 난민들에게 빼앗길 거라고 걱정했다. 만일 브렉시트 투표에서 EU에 남는 것으로 결정이 된다면 외국인들이 훨씬 더 많이 이주해 들어올 것이라고 생각했다. 그렇다면 외국인들에 의한 성폭행이 수없이 벌어지리라고 믿었다. 나아가 그런 일이 영국에 발생하게 된다면 콕스와 같은 진보적 정치인들은 자신과 같은 어려운 '영국인'을 돕기는커녕 외국인 편을 들 거라고 생각했다. 더구나 콕스는 열렬한 EU 옹호론자였다. 그에게는 콕스가 처형해 마땅한 전형적인 '반역자'로 보일 수밖에 없었다.

하지만 조 콕스가 외국인이나 유색인과 결탁해 영국 백인을 '배신'한 것이 아님은 당연한 이야기다. 그저 영국인이 아닌 사람들도 사랑했을 뿐이었다. 그녀는 자신이 살해당한 지역구에서 노동 계급의 딸로 태어났다.

아버지는 공장 노동자였고, 어머니는 학교에서 비서직으로 일했으니 콕스가 케임브리지에 진학하는 것은 그리 쉬운 일이 아니었을 터이다. 학교를 졸업하자 콕스는 기아 문제 퇴치를 위한 국제구호단체에서 활동했고, 그 경험을 토대로 정치에 입문했다.

사람들은 그녀를 한결같이 '좋은 사람'으로 기억했다. 지인들은 그녀가 '평생을 같이 지내고 싶어지는 사람'이었다고 말했다. 총에 맞고 칼에 찔려 쓰러져서도 콕스는 자기를 도우려 달려오는 보좌관들에게 가까이 오지 말라고, '나를 공격하게 내버려두고 당신들은 다치지 말라'고 외쳤다. 콕스의 남편은 그녀가 평생 믿고 추구했던 이상, 인권과 국제적 연대에 대한 강력한 옹호 때문에 죽었다고, 그녀의 이름이 분열이 아닌 통합의 상징으로 쓰이기를 바란다고 했다.

그녀의 희생도 브렉시트를 막지 못했다

콕스의 죽음 이후 대대적인 추모 분위기가 형성되었다. 다섯 살, 세 살 두 아이를 둔 젊고 전도 유망한 여성 정치인의 비극적인 죽음 앞에서 여론은 EU 잔류를 지지하는 쪽으로 급격히 돌아섰다. 다들 무난히 잔류하는 쪽으로 결과가 나올 것이라 예상했다. 그러나 막상 그녀의 죽음 일주일 후 치러진 국민투표에서 영국은 48 대 52로 EU를 떠날 것을 선택했다. 그녀의 지역구마저 떠나자는 쪽이 다수를 차지했다.

영국인들이 실제 어떤 생각으로 떠나자는 선택을 한 것인지 나는 여전히 도무지 알 수가 없다. '설마 진짜로 탈퇴하겠다는 결정이 나오겠나' 하면서 불만의 표시로 표를 던진 사람이 다수라는 말이 진실일 것 같다 싶을 때도 있다. 브렉시트가 결정된 이후 영국인들은 실제로 EU를 떠날 의지가 있는 사람들처럼 굴지는 않았던 것이다. 가끔은 그 결과를 되돌릴 수 있다면 되돌리고 싶어 하는 사람처럼 보이기조차 했다. 그러니 가장 반성해야 할 것은 지금 EU를 떠나지 않으면 큰일이 날 것처럼 선동하던 언론과 정치인들이라고 하겠다.

2017년 런던의 웨스트민스터 브리지에서 차량을 이용한 테러가 발생했다. 사건 발생 직후 누가 범인인가에 대한 추측이 무성했다. 이름을 살펴보면 대략 출신 나라를 알 수 있는 것이니 범인의 이름이 무엇인가 하는 질문은 사실은 범인이 과연 무슬림인지 아닌지를 묻는 것이나 다름없다. 이때 조 콕스의 남편은 자신의 SNS에 중요한 것은 범인의 이름이 아니라고 적었다. 기억해

혐오가 그/그녀를 죽였다

야 할 것은 임무를 수행하다가 살해당한 경찰관의 이름이라고. 기억할 의미가 있는 것은 미움과 폭력이 아니라 희생과 통합을 상기하게 하는 이름이기 때문이다.

조 콕스의 이름은 통합과 진보에 대한 믿음의 상징으로 명예롭게 기억되고 있다. EU 본부가 있고 콕스가 2년간 EU 의회 의원의 보좌관으로 일하면서 산 적이 있는 브뤼셀은 한 광장에 그녀의 이름을 붙였다. 프랑스의 한 도시 역시 거리에 그녀의 이름을 붙이기로 했다. 그러나 범인의 이름 역시 기억되어야 하지 않겠는가. 굳이 잔인무도한 범행을 저지른 개인을 기억하자는 것이 아니다. 그가 어째서 정치적 행위를 살인으로 드러내게 되었는가, 더 나아가 한 사회가 어떻게 그와 같은 뒤틀린 견해를 가진 개인을 배출하게 되었는지 따지기 위한 자료로 기억되어야 할 필요가 있다는 말이다. 그러니 기록을 위하여 굳이 적자면, 콕스의 머리와 가슴에 총 세 발을 쏘고 열다섯 번 칼로 찔러 죽인 사람의 이름은 토머스 메이어다.

2장
사랑이라는 이름으로 저지르는 폭력

클레어 우드는 2009년 2월 헤어진 남자친구 조지 애플턴의 폭력에 시달리다가 끝내 목 졸려 죽었다. 둘은 한 해 전인 2008년 4월경 페이스북을 통해 만났다. 애플턴은 페이스북에 자기가 음악과 컴퓨터, DJ 작업과 영화를 좋아한다고 적었다. 이혼한 상태에서 아이와 함께 살던 우드는 애플턴에게 강하게 끌렸던 것으로 보인다. 하지만 우드는 애플턴이 실제 생활에서 어떤 사람인지 잘 알지 못했다.

실제로는 애플턴은 그리 사귀기 좋은 상대는 아니었다. 사귄 지 반 년 정도 만에 우드는 이별을 통고했다. 그러나 애플턴은 헤어지자는 우드의 말에 순순히 응하지 않았다. 애플턴은 우드의 집 물건들을 부수고 성폭행을 시도했으며 죽이겠다고 협박했다. 경찰은 애플턴의 협박이 단지 흥분한 와중에 우발적으로 튀어나온 격한 언동일 뿐이라고 가볍게 판단하고 주의를 기울이지 않았다. 애플턴은 우드의 집 현관을 부순 혐의로 체포되었지만 풀려났다. 그가 우드를 살해하기 일주일 전의 일이었다. 애플턴은 결국 우드의 집에 침입해 그녀를 때리고 강간한 후 목 졸라 죽였다. 그리고 우드의 사체에 불을 질렀다. 경찰이 신상을 공개하며 대대적으로 추격을 시작하자 숨어 있던 애플턴은 목을 매 죽었다.

클레어 우드의 아버지 마이클은 처음 볼 때부터 애플턴이 마음에 들지 않았다고 밝혔다. 그에게는 뭔가 도저히 용납할 수 없는 지점이 있었다는 것이다. 딸 클레어는 아버지에게 애플턴이 전과가 있다는 걸 말했었다. 단지 부주의한 운전과 관련된 정도의 전과라는 것이었는데 이는 애플턴이 우드에게 해준 설명이었고 우드는 애플턴의 말을 그저 믿었다. 실제 애플턴의 전과는 폭행, 협박, 스토킹 및 납치를 포함한 일련의 심각한 소위 '데이트 폭력'과 관련된 것이었다.

막을 수 있었을지도 모르는 딸의 죽음

딸의 비극적인 죽음 이후 마이클은 딸이 만나는 사람의 전과가 어떤 내용인지를 확실히 알았더라면 보다 진지한 경고를 했을 거라고 깊게 후회했다. 아버지 마이클은 다른 사람들의 딸에게는 이런 일이 발생하지 않기를 바랐다. 그가 벌인 다년간의 캠페인의 결과로 마침내 2014년 이른바 '클레어 법(Clare's Law)'이 도입되었다. 이 법에 따르면 남자든 여자든 사귀는 상대방의 전과 기록 공개를 요구할 수 있다. 때로는 친구나 친척 등이 사귀는 상대에 대해 우려할 만한 사유가 있는 제3자도 정보 제공을 요구할 수 있다. 정보를 요청받은 경찰 등은 정보 공개가 필요하고 합법적이며 비례 원칙에 맞는지 고려해 공개 여부를 결정한다. 정보를 공개하지 않기로 결정되는 경우 이는 공개할 내용이 없거나 상황이 위험하지 않다고 경찰이 판단했다는 것을 의미한다. 반면 정보 공개를 결정한 경우 경찰은 전문가에게 관련자를 소개해 필요한 지원을 받도록 해야 한다.

릴리야 브레하는 우크라이나에서 영국으로 왔다. 그녀는 클레어 법에 대하여 몰랐고, 알아야 할 필요가 있을 것이라는 상상조차 해본 일이 없었다. 2014년 브레하는 7년 동안 같이 살던 남자와 헤어졌다. 겨우 20대 중반의 나이였고, 남자와의 사이에 아들이 하나 있었다. 혼자 아들을 키우며 지낸 지 2년 정도 되었을 때 브레하는 마빈 이혜나초를 소개로 알게 되었다. 이혜나초는 감옥에서 막 출소한 참이었다. 무슨 죄목이었냐고 묻자 이헤나초는 "그저 잘못된 시간에 잘못된 장소에 있었을 뿐이다"라고 말했다. 감옥에 있었던 것은 사실이지만 결백하다고. 지치고 외롭고 누군가가 필요한, 말하자면 누군가를 사랑하려고 마음먹은 사람에게는 충분히 근사하게 들릴 수 있는 말 아니겠는가. 비록 어떠한 사실도 말해주지 않고 아무 내용도 없는 껍데기 같은 이야기라해도 말이다.

'감옥에 있었지만 결백하다'는 새 애인

이헤나초는 지붕 수리공으로 일하기 시작했다. 그는 마치 인생을 새로 출발하려는 듯 보였다. 성실하게 일했으며 자주 외출을 하지도 않았고 술을 그리 마셔대지도 않았다. 브레하는 점차 이헤나초를 믿게 되었고 결국 다섯 살짜리 아들 알렉스 맬컴과 이헤나초를 만나게 했다. 알렉스는 조용하고 수줍음을 타지만 사람을 좋아하는 사랑스러운 아이였다. 아이는 곧 이헤나초와 친해졌고, 그는 알렉스에게 마치 새아버지처럼 행동했다. 이헤나초는 아이와 공놀이를 하고 책을 읽어주었다.

　브레하는 남자가 감옥에 가게 된 이유가 동거하던

여자친구를 심하게 폭행했기 때문이라는 것을 전혀 몰랐다. 이혜나초는 매우 조용하고 차분한 사람처럼 보였다. 말다툼을 하는 경우에도 소리를 지르거나 흥분하는 법이 없었다. 브레하는 남자가 굉장히 자신을 잘 숨기고 있었다는 사실을, 그 모든 태도가 사실은 다 억지로 꾸며낸 것이었다는 사실을 알아차리지 못했다. 돈을 받고 어린아이를 돌봐주거나 개를 산책시키는 등 틈나는 대로, 닥치는 대로 일을 해야 했던 브레하는 아이를 이혜나초에게 맡기는 경우가 있었는데, 그녀는 이혜나초가 아들을 폭행한다는 사실을 몰랐다. 이혜나초는 알렉스가 택시에서 토했다는 이유로 아이를 때린 일도 있었다. 브레하는 이런 사실도 알지 못했다. 알렉스를 때리고 난 후에 이혜나초는 매우 반성하는 것처럼 보이는 일기를 썼다. 말하자면 이혜나초 역시 필사적으로 스스로를 억누르고 있던 것일 수도 있다. 그렇다면 여기서, 그의 사정까지 고려해주어야 하는 것일까. 범죄자의 인권 역시 보호되어야만 한다고 믿는다면 그래야 한다. 그의 혼란스러운 일기를 보면 그 역시 어떤 사정이 있어서 저렇게 된 것일까 하는 생각이 들게 되는 것이다.

2016년 11월 20일 오후 5시쯤, 이혜나초는 알렉스를 데리고 쇼핑을 하러 가겠다고 말했다. 돌아올 시간이

지났는데도 두 사람이 돌아오지 않자 브레하는 전화를 걸었다. 이헤나초는 두 사람이 공원에 있다고, 알렉스가 신발 한 짝을 잃어버려서 찾고 있다고 말했지만 아이를 바꿔주지 않고 전화를 끊었다.

온몸이 멍 자국인 채 죽어간 아이

목격자들은 성인 남자가 몹시 화를 내며 소리 지르는 걸 들었다고 했다. 사람을 때리는 소리가 하도 요란하게 들려서 처음에는 어른들이 서로 싸우는 줄 알았다고 했다. 하지만 아이가 흐느껴 울면서 작은 목소리로 "잘못했어요, 잘못했어요"라고 말하는 소리가 들렸다고 했다. 사람들이 다가가자 고함 소리와 때리는 소리가 멈췄다. 아이가 벤치에 누워 있었고 한쪽 팔이 벤치 아래로 늘어져 있었다. 남자는 아이가 잠들었다고 말하고는 아이를 안고 자리를 떠났다. 잃어버린 신발 한 짝은 나중에 현장을 수사하던 경찰이 찾아냈다.

이헤나초가 알렉스를 팔에 안고 돌아왔을 때 아이는 이미 의식이 없었다. 남자는 아이가 넘어져 바닥에 머리를 부딪쳤다고 말했다. 아이의 얼굴이 파랗게 변한 데다 호흡이 거의 멎었다는 것을 깨달은 브레하가 구조

요청 전화를 걸려 하자, 이헤나초는 브레하에게 달려들어 얼굴을 때리고 무릎으로 가슴팍을 찼다. 쓰러진 브레하의 목을 조르던 이헤나초는 문득 손의 힘을 풀었고, 브레하는 가까스로 구급차를 부를 수 있었다. 아이는 병원으로 옮겨졌지만 다시는 깨어나지 못했다. 이틀 후 산소호흡기가 제거되었다. 만일 의식이 돌아온다고 해도 아이는 걷거나 말을 하지 못할 정도로 심각한 뇌 손상을 입은 채였다. 머리와 목 그리고 온몸은 멍 자국으로 뒤덮여 있었는데 상처는 총 22군데에 달했다. 이헤나초는 살인의 고의가 없었다고 주장했지만 결국 모살죄(고의에 의한 살인)로 유죄 판결을 받아 종신형이 선고되었다.

이헤나초의 가석방 조건에 따르면 그는 다른 성인의 감시 없이 16세 이하의 어린이에게 접근할 수 없도록 되어 있었다. 그러니 그가 알렉스를 데리고 둘이서만 외출한 것은 가석방 조건을 위반한 것이었다. 하지만 브레하는 이헤나초의 가석방 조건에 대해서 전혀 알지 못했다. 가석방 감독관은 그가 여성과 만나기 시작하면 이를 보고받고 그를 감독하에 두어야 했다. 따라서 브레하가 이헤나초와 데이트를 시작했을 때 그녀는 감독관으로부터 이 모든 사실을 들었어야 마땅했다. 그러나 감독관은 이헤나초가 여성과 아이에게 매우 위험한 존재로 분류되어 있다는 사실을 브레하에게 이야기해주지 않았다.

그저 잘못된 시간에 잘못된 장소에 있었을 뿐인데 억울하게 감옥에 간 것이라던 이헤나초의 폭력 전과는 재판정에서 검사가 전과 목록 전부를 낭독하는 데만도 15분이 걸릴 정도로 엄청났다. 그중 가정폭력으로 분류되는 것은 여섯 건이었는데, 다섯 명의 여자와 한 명의 어린이를 폭행한 것이었다. 말하자면 그는 다섯 명의 여자와 동거했고 그 모두를 심각하게 폭행했다. 허리띠로 때리거나 얼굴을 발로 찬 일도 있었고, 발로 밟아 갈비뼈를 부러뜨린 적도 있었다. 여자를 때려 턱을 부러뜨리면서 엄마를 구하려던 열세 살 난 소년의 목을 조른 일도 있었다. 폭행이 시작된 이유는 늘 피해자인 여성이 전화기를 빌려주지 않았다거나 쓰레기를 버려달라고 말한 정도의 매우 사소한 것들이었다.

2017년 10월, 영국 법무부는 가석방 조건을 이행하지 못한 점에 대해 마침내 브레하에게 공식 사과를 하고, 관련된 감독관 두 명에게 징계 처분을 내렸다. 만일 브레하가 이헤나초에게 여자와 아이를 상대로 폭력을 저지르는 성향이 있다는 것을 미리 알았더라면, 그의 폭력 전과를 들었더라면 그녀가 남자를 알렉스와 단둘이 있게 하는 일은 없었을 것이다. 아니, 그 이전에 그를 사귀는 일조차 없었을 수도 있다.

클레어 법의 존재를 알리려는 노력들

브레하는 '클레어 법'의 존재를 더 널리 알리고 보다 쉽게 정보에 접근할 수 있게 할 것을 촉구하고 나섰다. 클레어 우드의 아버지는 딸을 제대로 지켜주지 못했다는 죄책감에 시달렸다. 브레하는 이혜나초뿐 아니라 본인 역시 죽을 때까지 벌을 받으며 살고 있다고 생각한다고 말했다. 알렉스를 이혜나초와 만나게 했기 때문이다. 그녀는 아들의 사망이 의미 없는 죽음이 되지 않기를, 다른 잠재적 피해자들을 구할 수 있기를 바란다. 이는 클레어 우드의 아버지가 바라는 것이기도 했다.

　클레어 법은 분명히 정보 공개 대상자의 인권을 침해할 여지가 있다. 여기서 정보 공개 대상자란 전과자인데, 전과자란 엄밀히 말하면 죄의 대가를 다 치른 자이다. 이미 정해진 처벌을 받고 난 자들의 정보를 계속하여 제공하는 것이므로 전과자의 인권을 제한하는 측면이 있는 것이다. 게다가 한국 사회는 여전히 죄를 지은 자에게도 인권이 있다는 점에서조차 아직 합의가 이루어지지 않은 듯이 보이는 면이 있다. 그런 만큼 클레어 법을 거론하기는 상당히 조심스럽다. 한국 사회에서 아직 제대로 보호된 일조차 없는 범죄자의 인권을 거듭 제한하는 일인 데다가, 더구나 당장 눈앞의 현실적인 피해자가 아니라 '잠재적' 피해자를 보호하자고 주장하는 것이기 때문이다.

그러나 한편, 누군가를 잘 알지 못하였지만 신뢰하였다는 점 때문에 무고하게 죽어가는 피해자가 존재하기도 하는 것이니 범죄자 정보 공개를 통하여 이들 피해자와 그들을 진정으로 사랑하는 사람들을 미리 보호할 수 있다면 이를 가벼이 볼 일도 아니다.

다시 말해서, 범죄자의 인권과 피해자의 보호라는 때로 상충가능성이 있는 가치를 어떻게 비교형량하여 적절한 균형을 추구할 것인가의 문제라고 하겠다. 신중하게 논의해야 할 일이 아닐 수 없다.

데이트 폭력은 사랑의 다른 이름이 아니다

그들은 5년을 사귄 사이였다. 윌리스가 마흔여덟 살이고 반 도겐이 스물아홉 살이었으니 나이 차이가 꽤 있는 커플이다. 반 도겐은 백인이고 윌리스는 흑인이었다. 윌리스는 마흔여덟 나이에 여전히 학생의 신분이었는데, 매우 폭력적이었다.

2014년에는 말다툼을 한 후 반 도겐에게 끓는 물을 부은 일도 있었다. 칼로 반 도겐의 목과 몸통을 그어 상처를 낸 적도 있고 상대를 끊임없이 통제하려고 했으며 이메일을 뒤졌다. 반 도겐은 몇 차례 경찰에 도움을 요청했다. 하지만 경찰은 아무런 도움이 되지 못했다. 그리고 이렇게 시작하는 이야기의 결말일 것으로 다들 쉽사리 예상할 수 있듯이, 둘의 관계는 가장 폭력적인 파국을 맞게 된다.

2015년 8월경, 반 도겐이 새로운 상대와 데이트를

시작하자 월리스의 폭력성의 강도가 부쩍 세졌다. 반 도겐의 직장 동료들은 반 도겐이 월리스를 '정말로 두려워했다'고 말했다. 어쨌거나 반 도겐은 새로운 애인을 사랑하고 있었고, 월리스에게 둘의 관계는 끝났다고 선언한 뒤 두 사람이 동거하던 집을 떠나 호텔로 거처를 옮겼다.

하지만 둘의 관계는 그리 쉽사리 끝나지지 않았다. 2015년 9월 22일, 두 사람이 교환한 메시지에 따르면 그들은 앞으로 다시 잘해보자고 다짐했다. 반 도겐은 월리스에게 '진심으로 미안하다' '사랑한다'는 말을 남기기도 했다. 하지만 그 대화는 두 사람 모두에게 진심은 아니었던 것 같다.

반 도겐은 이런 메시지들을 보낸 후 월리스의 집으로 돌아가지 않고 새로 만나기 시작한 상대의 집으로 갔다. 그리고 월리스와 다시 살고 싶지 않다고, 새로운 미래를 설계하고 싶다고 말했다. 하지만 월리스에게 돌아가지 않을 수는 없었다. 월리스가 심하게 자해를 하고 있을지도 몰랐기 때문이었다. 월리스는 이미 한 차례 약을 먹고 자살을 기도한 바 있었다. 비록 제대로 약을 삼키지도 못했지만 말이다.

거짓 메시지가 오간 날 닥친 파국

반 도겐은 밤 10시경, 며칠 후 다시 오겠다는 말을 새로운 애인에게 남기고 월리스의 집으로 갔다. 아마도 남은 인생 내내 가장 후회를 할 결정이었을 것이다. 그날 새벽 3시경, 월리스가 들어와서 자고 있던 반 도겐을 깨웠다. 그리고 황산을 반 도겐의 얼굴과 몸에 들이부었다.

반 도겐은 속옷만 입은 채 길로 뛰어나갔다. 끔찍한 비명 소리에 깬 이웃 주민들이 뛰어 나와 도우려고 했으나 역부족이었다. 처음 목격한 사람들은 저 사람이 무슨 마스크를 뒤집어쓰고 장난을 하고 있는 건가 하고 생각할 정도였다. 반 도겐의 얼굴은 문자 그대로 황산에 녹아서 거무스레하게 흘러내리고 있었다. 살이 타들어가는 냄새가 코를 찔렀다. 도움을 청하기 위하여 잡은 이웃집의 금속 손잡이 역시 녹아 반들반들해진 채 남아 있을 정도로 반 도겐의 몸에 부어진 황산의 양은 어마어마했다.

반 도겐은 급히 화상 전문 병원으로 이송되었다. 몸의 25퍼센트가 넘는 부분에 화상을 입었고, 한쪽 눈은 완전히 실명되었으며 다른 쪽 눈은 거의 실명에 가까울 정도로 시력을 상실했다. 얼굴은 이전의 모습을 알아볼 수 없게 망가졌다. 처음 자기의 모습을 거울로 보았을 때, 반 도겐은 "차라리 나를 죽여달라"고 절규했다. 친아버지조차 반 도겐을 알아볼 수 없었다. 한쪽 다리는 무릎 밑에서 절단해야 했다. 누가 이런 짓을 했느냐는 경찰의 질문에 반 도겐은 배에 새겨진 월리스의 이름을 가리켰다.

반 도겐이 혀를 움직여 철자를 가리키는 방법으로 의사소통을 할 수 있기까지 다섯 달, 말을 할 수 있게 되기까지는 아홉 달이 걸렸다. 반 도겐은 2016년 7월, 월리스에 대한 재판에서 비디오를 통해 증언을 할 수 있었는데 그에 따르면, 잠을 자고 있다가 갑자기 깨어나 보니 월리스가 침대 옆에 서 있었다는 거였다. 월리스는 큰 소리로 웃고는 "내가 너를 가질 수 없으면, 아무도 너를 가질 수 없어"라고 말했다. 그리고 반 도겐이 그다음으로 기억하는 것은 거리로 뛰어나가 비명을 지르고 있던 자신의 모습이었다.

반 도겐은 단지 정상적인 삶으로 돌아올 수 있기를 바랐다. 이루어질 수 없는 바람이었다. 목 아래 전신이 마비되었고, 겪어야 하는 육체적·정신적 고통은 끔찍했다. 이윽고 폐에 감염이 발생했다. 목에 구멍을 뚫어 기도에 관을 삽입해야 했는데 의사들은 목소리를 낼 수 없게 될 확률이 95퍼센트에 달한다고 말했다. 반 도겐은 더 이상의 고통이나 더 이상의 수술을 바라지 않았고, 차라리 죽는 순간까지 아버지와 이야기를 할 수 있기를 바랐다.

안락사를 선택한 피해자

결국 반 도겐은 안락사를 신청했다. 생명을 유지한다는 사실을 제외한다면 그가 할 수 있는 것은 아무것도 없었다. 끔찍하기 짝이 없는 고통을 지켜본 가족들은 그 결정을 지지했다. 2017년 1월, 얼굴에 황산이 부어진 지 15개월 만에 반 도겐은 벨기에의 안락사 클리닉에서 사망했다. 아버지가 곁에서 죽음의 마지막을 지켰다.

월리스는 반 도겐에 대한 모살죄로 기소되었다. 검찰 측은 비록 월리스 때문에 반 도겐이 직접적으로 사망한 것이 아니라 반 도겐이 본인의 자유의사로 죽기를 결정하고 죽음에 나아간 것이기는 하지만, 월리스의 황산테러 행위가 없었다면 반 도겐의 죽음 역시 없었을 것이라고 보았다.

월리스는 자신이 컵에 담긴 무언가를 반 도겐에게 던진 사실은 인정했다. 하지만 반 도겐을 죽일 의도는 물론이고 해를 끼칠 의도도 없었다고 주장했다. 당시 자기가 던진 컵에 담긴 것이 물인 줄 알았고, 따라서 물컵을 반 도겐에게 던졌을 뿐이라는 것이 월리스의 주장이었다. 월리스의 변호인은 배심원들에게 "열린 마음을 가지라"고 말했다. 살인을 하고자 한 것은 오히려 반 도겐이었다는 것이 그의 주장이었다. 월리스 몰래 물컵에 황산을 따라둔 것은 오히려 반 도겐이었고, 월리스에게 물컵에 든 것을 마시라고 설득했다는 것이다. 즉, 반 도겐이 월리스를 살해할 의도로 황산을 물컵에 따라둔 거라는 주장이었다.

반 도겐이 월리스를 살해하고자 할 이유가 무엇이었느냐는 질문에 대하여 변호인 측은 월리스가 사생활을 들어 반 도겐을 협박할 생각을 갖고 있었기 때문이라고 주장했다. 반 도겐이 열다섯 살 때 네덜란드에서 몸을 판 적이 있었다는 내용의 협박이었다. 이를 피하고자 반 도겐이 월리스에게 황산을 마시게 하여 죽여버리려고 계획했으나, 발생한 것은 계획했던 바의 '미러 이미지(mirror image)'였다는 것이다. 자기 의뢰인이 협박을 하려 했다는 점을 먼저 주장함으로써 더 중대한 범죄인 살인을 하지 않았다는 점을 입증하고자 하는 시도였다고 할 수 있다.

사랑이라는 이름으로 저지르는 폭력

하지만 재판 과정에서 밝혀진 바에 따르면 '황산을 마시면 죽는가'라는 문장을 검색해 본 것은 윌리스였다. 윌리스는 이에 대하여 반 도겐에게서 버림받고 자살할 생각을 했었기 때문에 검색한 것이었다고 주장했다.

이 비극적인 사건은 일견 전형적인 데이트 폭력 사건으로 보인다. 질투심 많고 집착하는 남자가 헤어지자고 말했다거나 다른 남자를 만난다는 이유로 상대인 여성을 죽이거나 폭행하는 사건 말이다. 게다가 그 방법으로 황산을 사용한 것 역시 드물게 보는 사건은 아니다. 소위 '명예 범죄'의 경우에는 하물며 제대로 사귀기도 전에 자신을 거절한다는 이유로 여자의 얼굴에 황산을 부어 망가뜨리는 사건은 너무나도 많기 때문에 이제는 언론에서 잘 다루지도 않을 정도로 흔하다. 이런 사건이 벌어졌을 때 가해자 편을 싸고도는 일도 종종 벌어지는 일이다. 가해자가 피해자를 너무 사랑했기 때문이라거나, 자존심 내지 명예를 지키기 위해서라는 설명은 가해자의 입장에서 사건을 정당화시키고자 하는 시도라고 할 수밖에 없다.

그럼에도 불구하고 이 사건이 전형적이고 흔한 것으로 가볍게 취급되지 않고 언론의 주목을 강력하게 받은 이유는 가해자인 윌리스가 여성이고 피해자인 반 도겐이 남성이기 때문이다. 즉, 벨리나 월리스는 중년의 흑인 여성이었고, 마크 반 도겐은 젊은 백인 남성이었다. 질투로 맹렬히 분노한 버림받은 여자가 자기를 버리고 젊고 새로운 애인에게 떠나간 젊은 남자 연인에게 복수하려고 저지른 사건이다. 그동안 자신이 어떻게 처신했는지, 떠나간 애인의 앞으로의 인생에 어떤 가능성이 있는지는 고려하지 않고 말이다. 말하자면 이 사건은 그동안 흔히 반복되어왔던 같은 종류의 사건들의 '미러 이미지'라고 할 수 있겠다.

'황산을 마시면 죽나' 검색한 흔적

사건이 벌어지기 3주 전, 반 도겐은 공포에 질려 경찰에 전화를 걸었다. 월리스가 자기를 떠나면 죽이겠다고 협박했고 자기뿐 아니라 새 여자친구에게도 겁을 주고 있다며 "무언가를 좀 해달라"고 요청했다. 하지만 경찰은 월리스가 반 도겐에게 보낸 문자 메시지를 위협적이라고 보지 않았다. 경찰은 월리스가 협박을 하는 것이 아니라 돌아오라고 '애원을 하는' 것으로 보았다. 경찰은 월리스를 방문했지만 그녀가 매우 조용한 사람일 뿐이라고 생각했다. 하지만 경찰의 생각과는 달리 월리스는 경찰이 그녀를 방문하기 전날 이미 아마존을 통해 황산을 구입해 두었다. 10파운드(약 1만 5,000원)도 안 되는 가격이었다.

벨리나 월리스가 마크 반 도겐에게 부식성 화학물질을 뿌렸다는 혐의는 배심원 전원 일치 유죄로 판정되었다. 다만 모살죄가 인정되지는 않았다. 결국 죽기를 선택한 것은 반 도겐이었기 때문이다. 월리스는 반 도겐에게 황산을 뿌려 심각한 상해를 입혔지만 그를 죽인 것은 아니다. 즉 월리스의 행위와 반 도겐의 죽음 사이 인과관계는 인정되지 않았다고 할 수 있다.

월리스는 종신형을 선고받았다. 가석방을 고려할 수 있기까지 최소한 수감되어야 하는 형기는 12년이다. 황산을 뿌렸다는 이유로 종신형을 선고받은 것은 월리스가 처음이다. 그리고 누구도 월리스의 가해행위에 관해서 사랑을 논하거나 그녀의 자존심을 이야기하지는 않는다. 그저 끔찍한 범죄로 볼 뿐이다. 그런데 이는 벨리나 이전에 남자들이 '명예를 지키기 위하여' 여자들에게 행한 범죄에 있어서도 마찬가지였어야 한다.

한국 언론은 이런 유형의 사건을 '데이트 폭력' 사건이라고 부른다. 그러나 '데이트' 폭력이란 없다. 그저 사람이 사람을 상대로 폭력을 행사한 범죄일 뿐이다. 굳

이 데이트 폭력이라 부르면서 가해자의 사랑이나 자존
심을 운운하고 더 나아가 가해자를 처벌하는 데 있어 다
른 폭력 범죄와 다르게 취급하거나 온정적으로 대하고
자 하는 이유에서라면 말이다. 오히려 정서적으로 물리
적으로 가까웠던 관계, 신뢰하고 사랑하는 관계를 배반
하고 저지른 폭력이라서 보다 엄벌하고자 하는 취지에
서라면 굳이 이를 구별하여 부를 수도 있을 것이다.

사랑을 살인으로 모욕한 남자

사랑하지 않는 사람과 일생을 같이 살아가는 것과 사람을 죽이는 것 중 무엇이 더 어려운 일일까. 나는 잘 모르겠다. 아무래도 사람을 죽이는 쪽이 더 어려울 거라 생각하지만 그것도 처음 한 번이 어려울 뿐일지도 모르겠다. 더구나 사랑하지 않는데도 일생을 같이 살아가야 할 것 같은 사람을 눈 한 번 질끈 감고 죽인 대가로 상당한 돈과 자유가 따라온다면 말이다.

헬렌 베일리는 매우 성공한 청소년소설 작가였다. 대표작으로 〈일렉트라 브라운(Electra Brown)〉 시리즈가 유명하다. 중년의 위기를 겪고 있는 일렉트라의 아버지는 애인이 생겨 집을 떠나겠다고 선언했다. 어머니는 TV 중독으로 도피 중이다. 남동생은 좀도둑질을 하다가 잡혔는데 훔친 물건이 왠지 모르겠지만 탐폰이다. 게다가 키우는 기니피그마저 정신이 살짝 나갔다. 이 와중에도 소녀는 파란 눈에 초록색으로 아이라인을 그리는 것이 어울릴까 아닐까를 진지하게 고민하고 있다. 콩가루집안에서 자라면서 외모 꾸미기와 친구 사귀기에 골몰하는 10대 초반 소녀의 이야기를 발랄하게 그린 〈일렉트라 브라운〉 시리즈는 베일리에게 유명세와 부를 가져다주었다. 다만 베일리의 최신작은 청소년물이 아니고 '사랑하는 사람의 죽음을 이겨내는 법'에 관한 것이었다. 그 이야기는 소설이 아니라 그녀 자신의 것이었다.

블로그에서 만난 '근사한 회색 머리'

베일리의 남편은 2011년 2월 바베이도스에서 휴가를 보내던 중 물에 빠져 죽었다. 순식간에 벌어진 일이었다. 그녀는 남편이 파도에 휩쓸려 죽는 것을 해변에서 무력하게 지켜보아야 했다. 둘 사이엔 아이가 없었다. 혼자 살아가는 일이 그녀는 낯설었다. 1인분의 식사를 주문하는 것도, 쓰레기를 직접 내다 버려야 하는 것도 적응하기 어려운 일이었다. 그녀는 '슬픔 행성(Planet Grief)'이라는 제목의 블로그를 개설하고 22년간 같이 살아온 남편의 죽음에 대해, 남편 없이 혼자 살아가는 일에 대해 글을 쓰기 시작했다. 곧 많은 사람들이 블로그를 방

문하게 되었다. 상당수는 같은 경험을 공유하는 사람들
이었다.

그중에는 베일리보다 한 해 먼저 갑작스럽게 아내
를 잃은 이언 스튜어트도 있었다. 네 살 연상의 스튜어
트는 매우 다정하고 쾌활한 사람이었고, 베일리를 세심
하게 배려해주었다. 베일리는 곧 그에게 GGHW(Gor-
geous Grey Haired Widower, 근사한 회색 머리 홀아비)라
는 애칭을 붙여주었다. 그들은 머지않아 같이 살기 시작
했다. 블로그의 글들은 책으로 출판되었다.『멋진 비키
니를 입고 있는데 나쁜 일이 생겼을 때(When Bad Things
Happen in Good Bikinis)』라는 제목이었다. 남편이 바다
에서 죽었을 때 그녀는 비키니를 입고 있었던 것이다.

2015년 베일리는 거의 일평생을 살아온 런던을 떠
나 전원의 대저택으로 이사했다. 스튜어트가 원해서였
다. 베일리는 바베이도스에서 휴가를 보내기 위해 꾸렸
다가 4년도 넘게 건드리지 않고 치워둔 짐을 그제야 풀
었다. 그 안에는 예의 그 비키니 수영복도 있었다. 그녀
는 남편이 구급차에 실려 갈 때도, 남편이 죽었다는 이
야기를 들었을 때도 그 비키니를 입고 있었다. 하지만
처음에 그녀는 그 수영복을 알아보지 못했고, 스튜어트
의 여자친구 것인가 보다 생각했다. 그만큼 그녀는 과거

를 뒤로 하고 스튜어트와 더불어 앞으로 나아가기로 결심했던 것이다.

결혼을 앞두고 실종된 유명 작가

베일리는 교외의 생활을 그다지 좋아하지는 않았다. 단한 번도 도시를 벗어나 살아본 일이 없었다. 베일리의 지인들은 그녀가 다시 행복해진 것처럼 보여 기뻤지만 그녀가 대체 어떤 지점들 때문에 스튜어트를 좋아하는 것인지에 대해서는 의아해했다. 매우 명석하고 유머러스하고 세련된 베일리에 비해 스튜어트는 비록 캠브리지대학을 졸업한 소프트 엔지니어라고는 해도 건강을 이유로 실업자로 지낸 지 오래된, 아무런 특색도 없고 이렇다 할 매력도 없어 보이는 말없고 내성적인 사람이었던 것이다. 하지만 그녀는 스튜어트를 사랑했다. 베일리는 본인이 사망하는 경우 400만 파운드(약 57억 원)에 달하는 유산 중 대부분이 스튜어트에게 상속되도록 유언장을 새로 작성했다.

2016년 4월, 스튜어트는 베일리가 나흘간 집에 돌아오지 않고 연락도 되지 않는다고 경찰에 전화를 걸었다. 자식처럼 아끼던 반려견인 닥스훈트 보리스와 함께 사라졌다는 것이다. 베일리가 자기만의 시간이 더 필요하니 바닷가 별장에 가 있겠다는 메모를 남겼다고도 했다. 하지만 그녀에게는 연락이 되지 않았고, 가 있겠다던 별장에서도 그녀의 흔적은 찾을 수 없었다.

경찰로서는 그녀가 전 남편의 죽음에서 아직 회복이 되지 않았고, 이런저런 사건들 때문에 결혼식이 계획대로 추진되지 않아 스트레스를 심하게 받았다는 스튜어트의 설명을 믿지 않을 이유가 없었다. 한편 베일리의 가족들은 그녀가 사라지기 전 몇 달 동안 끊임없이 졸려 하고 쉽게 잊어버리는가 하면 주의를 집중할 수 없었으며 그것 때문에 고민을 했었다고 말했다. 경찰은 이 사건이 애거사 크리스티(Agatha Christie)의 유명한 실종 사건과 유사하다고 보았다. 애거사 크리스티는 1926년 행방불명으로 신고가 되었고 떠들썩한 수사에도 불구하고 그 행방을 찾지 못했는데 11일 만에 스스로 돌아왔다. 경찰은 베일리의 실종 역시 고민에 휩싸인 유명 작가가 문득 은둔한 것일 수 있다고 보았다.

하지만 시일이 지나면서 경찰은 베일리가 단순히 잠적한 것이 아닐 수 있다고 보기 시작했다. 베일리는 전화기를 제외하고는 아무것도 챙겨 가지 않았다. 무엇보다도 지금 같은 세상에서 이렇게까지 흔적이 없을 수는 없는 일이었다. 베일리는 예금을 한 푼도 인출하지 않았다. 휴대전화를 받지도 않았으며, SNS에도 전혀 접속하지 않았다. 활발히 소셜 미디어를 이용하던 사람으로서는 매우 이례적인 일이었다. 경찰의 수색은 두 달간 지속되었다.

그런데 그녀가 사라진 지 닷새째 되던 날, 스튜어트가 그들의 바닷가 별장을 방문했는데 그날 베일리의 전화가 별장의 와이파이에 자동으로 연결된 것으로 밝혀졌다. 또한 스튜어트는 그녀가 사라진 날 베일리의 계좌에 접속해 온라인 이체 한도를 600파운드에서 4,000파운드로 늘려놓았다. 더 나아가 스튜어트는 베일리 소유의 아파트를 매각하려고 시도했다. 경찰이 스튜어트의 행적에 의심을 품고 휴대전화를 조사할 수 있겠느냐고 요구했을 때, 스튜어트는 이를 거부했다.

경찰도 몰랐던 정화조의 실체

마침내 영장을 청구하여 저택 차고 밑바닥에 있는 정화조를 조사했을 때 경찰은 오물 가운데서 삐져나온 팔을 볼 수 있었다. 그리고 이미 부패한 지 오래된 베일리의 시체가 떠올랐다. 보리스의 시체도 같이 발견되었다. 베

일리의 남동생은 누나가 이 집을 사고 나서 문제의 정화
조는 시체를 버리기에 딱 좋은 장소라고 말했던 것을 기
억해 냈다. 당시 스튜어트는 남매의 대화를 유심히 듣고
있었다. 경찰은 처음에는 정화조가 있다는 사실을 몰랐
다. 스튜어트가 그 위에 차를 주차해 두었던 것이다.

베일리의 시신에 남은 머리카락에서는 수면제가 검
출되었다. 스튜어트는 자신이 처방받은 수면제를 식품
이나 차에 섞어 최소한 몇 달간 베일리에게 몰래 먹여왔
던 것이다. 죽기 전 몇 달 동안 베일리가 그토록 졸렸던
것은 그 때문이었다. 사건 당일 역시 스튜어트는 베일리
에게 수면제를 복용하도록 한 뒤 마침내 잠든 그녀의 목
을 조르고는 정화조에 던진 것으로 추정되었다. 보리스
역시 죽여서 그 옆에 던져넣었다. 베일리가 보리스를 두
고 떠나는 일은 있을 수 없기 때문이었다. 그리고 그날
저녁, 스튜어트는 베일리에게 사랑한다는 문자를 전송
했다.

스튜어트는 이 사건을 매우 장기간에 걸쳐 기획한
것으로 보였다. 그가 베일리와 정말로 결혼할 생각이 있
었는지도 알 수 없다. 베일리가 약혼 반지를 고르기는
했지만 스튜어트는 약혼 반지의 대금을 지급한 일이 없
었다. 아니 애초에 스튜어트가 베일리를 사랑한 적이 있

는지조차 알 수가 없다. 그는 용변을 볼 때마다 그 오물들이 어디로 흘러가는지, 오물들이 흘러간 정화조 안에 무엇이 있는지를 떠올리지 않을 수 없었을 것이다. 시신에게 할 수 있는 최대한의 모욕을 가한 셈이다. 그것도 자기를 사랑했던 사람의 시신에게.

사건을 담당한 재판부는 이 사건을 명백히 돈 때문인 것으로 보았다. 배심원들은 만장일치로 살인 평결을 내렸다. 2017년 2월, 그는 종신형을 선고받았다. 최소 복역해야 하는 형기는 34년이다.

스튜어트는 왜 굳이 베일리를 죽여야만 했던 것일까. 그냥 같이 살아갔어도 되었을 터였다. 그렇게 큰 집이라면 심지어는 하루 종일 얼굴 한 번 마주치지 않아도 된다. 영국의 큰 집이란 정말로 크기 때문이다. 여기저기 방도 많고 구석도 많으니 어디 조용히 처박혀 있으면 아무리 가족이라고 해도 있는지 없는지조차 의식하지 못할 수도 있다. 실제로 스튜어트가 실종신고를 했을 때 경찰은 베일리가 사실은 집 안 어딘가에 있는 것 아니냐고 묻기도 했다.

한편 경찰은 스튜어트의 전 부인 사망에 관해 다시 조사하겠다고 밝혔다. 전 부인은 집의 정원에서 갑자기 죽었다. 목격자는 스튜어트뿐이었다. 평소에 앓고 있던 간질 때문에 죽은 것으로 추정되었지만 죽은 정황은 사실 의심스러웠다. 스튜어트는 전 부인의 죽음으로 인하여 보험금을 포함하여 7만 7,000파운드(약 1억 1,000만 원)를 손에 쥐었다. 이것이 살인이었다면 그는 이때부터 살인이란 꽤나 수지맞는 행위라고 생각했을지도 모른다. 한 번이 어렵지 두 번은 쉬운 일일지도 모른다. 그러나 그가 자백하지 않는 이상 첫 아내의 죽음에 관한 전모를 파악하기는 쉽지 않을 것이다. 그녀의 시신은 화장되었기 때문이다.

범인에게 드리운 '푸른 수염'의 그림자

그러니 누군가를 죽여서까지 없애버리고 싶다는 저 마음이란 무엇인가 말이다. 더구나 자기를 사랑하는 사람을. 가장 슬픈 시기를 자기에게 의지해 슬픈 행성을 벗어나려고 했던 사람을. 어쩌면 돈이 문제가 아니라 살인 그 자체가 원하는 바였을지도 모른다. 판결을 내린 판사는 스튜어트가 여자들에 대한 큰 위험이라고 말했다. 만일 처벌되지 않았다면 그는 어쩌면 새로운 '푸른 수염'으로 등극했을지도 모른다. 거듭 새로운 여자를 만나 그와 결혼하고 다시 죽이는 일을 반복하는 존재 말이다.

아이러니하게도 베일리는 스튜어트를 만나서 다시 안전함을 느꼈다고 했다. 전 남편과 있을 때 그러했듯이. 베일리는 사별의 슬픔을 극복하는 과정을 적은 그녀의 마지막 책을 스튜어트에게 헌정했다. 헌사에서 그녀는 "당신이 나의 해피엔딩이에요"라고 적었다. 베일리는 오물 구덩이에 던져졌을 때 살아 있었을 가능성이 높았다. 다행히 의식은 없었던 것으로 보인다. 그러니 어쩌면 그녀는 자기의 엔딩이 그토록 비극적이라는 사실을 끝내 몰랐을 수도 있다.

부자 애인, 가난한 애인

연인 관계에서 남자가 여자를 폭행했을 때 일반적으로
볼 수 있는 반응 중 하나가 "그럴 만한 일을 저질렀으
니 맞았겠지"라는 것이다. 즉 여자가 뭔가 맞을 법한 짓
을 저질렀기 때문에 남자 쪽에서 폭력을 행사했을 것이
라는 해석이다. 그 관계가 그리 깊지 않아도 그런 반응
을 볼 때가 있다. 남자가 여자를 일방적으로 따라다니
다가 폭력을 행사한 경우 무슨 사정이 있었을 거라고,
그 전후 사정을 모르는 경우라고 해도 애써 봐주는 것이
다. 심지어 살인 사건에서도 이런 식의 반응을 볼 수가
있다.

이런 반응은 비단 기사에 딸린 댓글에서만 보이는
것은 아닌 듯하다. 폭력 사건을 보도하는 한국 신문기사
의 행간에서도 때로는 이와 같은 태도와 시각이 엿보일
때가 있다. 이와 같은 피해자에 대한 묵시적인 비난에

대하여 대개 따라오는 해명은 피해자의 행적에 대한 정당화다. 피해자는 매우 괜찮은 사람이었고 '맞을 짓'을 하지 않았음에도 불구하고 폭행을 당했다는 것. 그런데 도대체 '맞을 만한 짓'이라는 게 무엇이 있는가. 더 나아가서 죽임을 당한 경우라면 말할 것도 없다. 정당방위인 경우가 아니고서야 사람이 사람을 죽일 만한 일이란 없다는 것이 현대 형법이 사적인 살인을 금지하는 태도의 기본적인 철학이기 때문이다. 더 나아가 국가에게도 사람을 죽일 권리를 주지 않는 것이, 즉 사형을 폐지하는 것이 세계적 추세인 마당에야.

그러니 만일 여자 쪽이 정말로 '나쁜' 경우라면 어떨 것인가. 여자의 입장에서뿐만 아니라 누가 보더라도 남자가 여자에게 이용을 당한 경우고, 남자가 그리 잘못한 것이 없는 상황에서 여자를 살해한 경우라면? 이때 영국 언론의 반응은 어떨지 궁금했다.

성적인 서비스를 매개로 시작된 만남

피터 모건과 조지나 사이먼드가 처음 만났을 때, 남자는 51세, 여자는 22세였다. 남자는 약 2,000만 파운드(약 300억 원)에 달하는 재산을 가진 사업가였고, 여자는 가진 것이 별로 없는 미혼모였다. 여자는 미용사가 되기 위한 교육도 받았고 댄서로도, 스트리퍼로도 일했지만 결국은 에스코트가 되었다. 에스코트란 시간당 일정액을 받고 출장 나와서 고객이 원하는 서비스를 해주는 사람을 말한다. 여자만 에스코트 일을 하는 것은 아니고 에스코트가 해주는 서비스가 항상 성적인 것만은 아니지만, 에스코트는 대개 성적인 서비스를 고객에게 제공하는 경우가 많다.

두 사람은 2011년 인터넷 사이트를 통해 처음 만났다. 남자는 기혼자였고 딸이 둘 있었다. 세 번째 만남에서 남자는 여자에게 돈을 지불하고 성관계를 맺었다. 이윽고 남자는 여자가 에스코트 일을 그만두고 자신에게만 '서비스를 제공하는' 것을 대가로 한 달에 1만 파운드(약 1,500만 원)를 용돈으로 줬다. 1년으로 치면 12만 파운드다. 2016년 영국의 평균 연봉이 세금 전 기준 2만 7,600파운드다. 에스코트가 용돈으로 받은 돈에서 세금을 낼 리도 없지 않은가. 그러니 피터 모건이 조지나에게 지불한 보수는 매우 후한 금액이었다.

이걸 '보수'라고 할 수밖에 없는 것이, 조지나에게는 사랑하는 사람이 따로 있었다. 그 애인의 이름 역시 피터였다. 피터 딤은 조지나와 10대 시절부터 공인된 커플이었다. 명목상 직업이 전기기술자인 그는 매우 가난했다. 조지나는 그를 매우 사랑했던 모양이지만 돈 없이 가난하게 살 생각은 없었고 소위 '좋은 물건'을 너무 좋아했다. 피터 딤은 애인이 성매매를 하는 것을 반대했지만 조지나가 벌어들이는 돈의 유혹은 이기지 못했다. 조지나가 피터 모건과 만나기 시작했을 때 친구들은 피터 딤을 '가난한 피트(Poor Pete, 피트는 피터의 애칭이다)'라는 별명으로 부르기 시작했다. 그를 '부자 피트(Rich Pete)'와 구별하기 위해서였다. 굳이 그들을 애칭으로까지 부를 이유는 없으니 이하 그냥 둘 다 피터라고 부르기로 한다.

부자 피터는 조지나가 가난한 피터와 같이 사는 것을 묵인했다. 다만 일주일에 두 차례 자기와 만나 성적인 서비스를 해줄 것을 요구했다. 부자 피터는 조지나에게 아낌없이 돈을 썼다. 고급 전신 미용 코스가 포함된 여행을 하게 해주었고 승마 레슨까지 시켜주었다. 고급 식당에 데리고 가고, 헬리콥터 여행을 시켜주고, 심지어 전신 지방흡입까지 하게 해주었다. 유한계급의 여자들이 누릴 수 있는 모든 물질적인 혜택을 조지나에게 제공한 것이다. 서민적인 가정에서 태어나 자라고 가난한 피터를 애인으로 둔 여자로서는 누릴 수 없는 물질적 혜택이었다.

　부자 피터의 아버지는 지역의 손꼽히는 명사로서 기사 작위까지 받은 인물이었다. 부자 피터 입장에서는 아내와 두 딸은 물론이고 자기 아버지에게도 조지나와의 모든 것이 비밀이었다. 하지만 여자에게 보낸 문자 메시지들을 볼 때 그는 조지나와 같이 사는 인생이 자기 앞에 있기를 바랐던 것 같다. 에스코트와 고객이 아니라 커플로서. 그게 언제가 될지는 장담할 수 없었지만. 말하자면 그는 조지나를 사랑했던 것이다.

사랑도, 돈도 포기할 수 없었던 여자

조지나가 가난한 피터와 심하게 다투고 헤어졌다고 하자 부자 피터는 여자를 자기 소유의 고급 방갈로에서 살게 해주었다. 13세기에 지어진 드넓은 성에 딸린 방갈로였다. 다만 이에 대해서는 부자 피터가 용돈을 반으로 줄여버리자 그녀가 자발적으로 가난한 피터를 떠나 방갈로로 살러 갔다는 얘기도 있다.

　문제는 조지나가 가난한 피터와 깨끗이 헤어지지 못했고 이들이 끊임없이 만나고 헤어지기를 반복했다는 데 있다. 부자 피터는 가난한 피터가 조지나가 사는 방갈로에 출입하는 것을 금지했다. 조지나가 가난한 피터에게 "모두에게 득이 되게 목을 매는 게 어때"라는 내용의 악의로 가득한 문자 메시지를 보내 비난했을 때, 그 악의란 아마도 스스로의 상황에 대한 분노를 이기지 못해서 치솟아 오른 것이었겠으나, 그는 진짜로 근처 숲으로 가서 목을 매 죽었다.

막상 악담이 현실이 되자 여자는 절망해 술을 마시고 약을 하기 시작했다. 그리고 가난한 피터가 죽어버린 이유를 부자 피터에게서 찾았다. 그녀는 부자 피터를 비난하고 모욕하고 끊임없이 못되게 굴었다. 이윽고 조지나는 피터가 아닌 남자와 만나기 시작했다. 새로운 애인 역시 돈은 별로 없었다. 조지나는 부자 피터를 증오했지만 그의 돈은 원했다. 그녀는 부자 피터와 찍은 '매우 친밀한' 사진 여러 장을 갖고 있었다. 이 사진들을 그의 아내와 10대인 두 딸에게 보내겠다고 위협할 생각이었다. 조지나는 새 애인과 통화하면서 예전에 부자 고객들에게 어떤 식으로 돈을 뜯어냈는지를 자랑 삼아 이야기했다. 여자가 원하는 것은 방갈로의 소유권과 돈이었다. 이것들을 모두 뜯어낸 후 부자 피터를 떠날 생각이었다.

조지나가 몰랐던 것은 부자 피터가 미리 방갈로에 도청장치를 설치해 두었다는 사실이었다. 그는 조지나가 새로운 사람을 만나 자기를 떠날 것 같다고 의심하기 시작했던 것이다. 이와 같은 대화를 엿듣고 난 후 남자는 쇼핑 리스트를 작성했다. 폭이 넓은 비닐, 장갑, 끈 등 사람을 살해하기 위해 필요한 도구들이었다.

이후 재판 과정에서 부자 피터는 조지나를 죽였다는 사실 자체는 순순히 인정했다. 하지만 자신이 자폐의 일종인 아스퍼거증후군을 갖고 있으므로 책임이 감경되어야 한다고 주장했다. 또한 순간적으로 흥분하여 여자를 죽이게 된 것이지 고의는 아니었다고 주장했다. 그는 애초에 여자를 죽일 생각까지는 없었다고 말했다. 단지 여자를 혼쭐내 '잘못했다'는 말과, 그런 일은 다시는 없을 거라는 약속을 듣고 나면 동작을 그만둘 생각이었다고 했다. 그러나 남자가 목에 끈을 감았을 때 여자는 용서를 빌기는커녕 '이런 짓을 한 대가를 치르게 될 것'이라고 남자를 위협했다.

배신한 애인에 대한 폭력은 용납될 수 있나

질투에 더해 분노로 눈이 먼 남자는 여자의 목에 감았던 끈을 당겨 조였다. 남자는 여자의 시체를 옮기기 전에 죽은 여자의 손이 늘어져 덜렁거리지 않도록 손을 당겨 등 뒤로 묶은 후 손 사이에 쇠기둥을 꽂았다. 그리고 쇠기둥이 꽂힌 채로 여자를 비닐로 둘둘 말았다. 남자는 포르쉐의 트렁크에 여자의 시체를 실어 방만 45개인 넓디넓은 자기 소유 성의 부지 한 귀퉁이에 내다 버렸다. 2016년 1월에 벌어진 일이다.

법정에 서게 된 남자는 여자가 자기 영혼의 반려자였다고 주장했다. 여자를 사랑했다고, 사랑했기 때문에 그 많은 돈을 쓴 것이었다고도 말했다. 하지만 그는 또한 재판 과정에서 자기는 여자의 '슈거 대디(sugar daddy)'였다고도 말했다. 슈거 대디란 '시간을 같이 보내주거나 성적인 만남을 해주는 것을 조건으로 젊은 여성에게 재정적인 지원을 해주는 나이 든 남자'를 말하는 것이니, 남자는 사실은 두 사람 사이의 관계의 본질을 정확히 알고 있었던 것 같다. 물질과 육체가 교환되는 관계. 그 스스로는 아니라고 믿고 싶었겠지만 말이다. 그리고 환상과 기대가 깨진 자리에 남은 것은 냉정하게 계산된 잔혹한 폭력이었다.

배심원들은 죽임을 당한 여자가 아무런 애정도, 일말의 배려도 없이 남자를 이용해 돈을 뜯어낸 것이라는 점을 인정했다. 하지만 배심원들은 이 살인이 피고 피터의 주장과는 달리 여자에게 복수하기 위해 차분하고 치밀하게 계획된 것이라고, 피고는 살인을 아주 냉정하게 실행한 것이라고 보았다. 법원 또한 부자 피터가 약한 정도의 아스퍼거증후군을 갖고 있기는 하지만 이것이 책임 감경의 사유로 고려될 정도는 아니라고 판단했다. 2016년 12월, 법원은 부자 피터에게 종신형을 선고했다. 최소 복역해야 하는 형기는 25년이다.

이와 같은 판결이 보여주는 것은 아무리 배신을 당하고 철저하게 이용을 당했다고 하더라도 이에 대해 폭력으로 응징하는 것이 용납되지는 않는다는 점이다. 부자 피터의 사랑은 상대를 잘못 선택한 것이었다. 그러니 그 대가 역시 스스로 감내해야 하는 것이다. 폭력은 배신당한 사랑의 다른 이름이 아니다. 폭력은 그저 범죄다. 그것이 영국의 법원 및 언론이 견지한 기본 태도였다. 다들 각자 개인적으로는 어떤 생각을 했든 말이다. 다만 나는 기사 및 판결을 읽으면서 부자 피터의 어쩌면 나이브한 사랑이 몹시 냉정하게 조롱당하는 것 역시 어쩐지 슬프다고 생각하기는 했다.

3장
가족이라는 치명적 늪

강요적 통제의 희생자

2010년 8월 14일 토요일, 56세의 조지나 샐리 챌른은 31년간 결혼생활을 유지해온 남편 리처드를 망치로 때려 죽였다. 그날 샐리는 장을 봐서 리처드에게 점심을 만들어주었다. 리처드가 점심을 먹고 있는 동안 샐리는 그의 뒤로 다가가 머리를 향해 스무 차례가 넘게 망치를 휘둘렀다. 그가 살아 있을까 여전히 우려가 된 샐리는 숨통을 막기 위해 리처드의 입에 행주를 쑤셔박은 뒤, 낡은 커튼을 꺼내 와 그의 몸에 덮었다. 그리고 옷매무새를 정돈하고 설거지를 하고, 남편과 별거를 시작한 후 스물세 살 된 아들 데이비드와 같이 살던 집으로 돌아가서 유서를 썼다.

다음 날 아침, 데이비드를 직장에 태워다준 뒤에 샐리는 100킬로미터가 넘는 거리를 운전해서 자살 장소로 악명 높은 절벽으로 갔다. 그리고 사촌에게 전화를 걸어 자신이 한 짓을 고백했다. 신고를 받고 온 경찰과 성직자들이 자살을 막기 위해 설득하는 동안 샐리는 "내가 그를 가질 수 없다면 아무도 가질 수 없다"고 외쳤다. 집으로 간 경찰은 리처드의 시신을 발견했다. 시신을 덮은 커튼 위에는 "당신을 사랑해, 샐리로부터"라고 손으로 쓴 쪽지가 놓여 있었다.

외견상 샐리와 리처드 부부는 아무런 문제 없는 훌륭한 중산층 가족이었다. 부부는 런던 남서부 근교의 큰 집에서 살면서 아들 둘을 두었다. 리처드는 자동차 딜러로 성공적으로 자기 사업을 운영하다가 은퇴를 했다. 샐리는 남편의 사업을 돕다가 경찰본부에 사무직으로 취직해 일을 했다. 리처드는 고급 차와 좋은 옷과 여자를 좋아하고 농담을 잘하는 남자였다. 샐리는 오랜 기간 동안 남편이 외도를 한다고 의심을 해왔다. 샐리는 리처드의 이메일을 뒤지고 전화통화 기록을 살폈으며 음성사서함을 몰래 듣기도 했고 비아그라가 몇 알 남았는지 세곤 했다. 한번은 리처드의 뒤를 밟은 적도 있었다.

질투에 의한 살인을 의심했지만

2009년 샐리는 유산으로 물려받은 자기 몫의 재산을 팔

가족이라는 치명적 늪

아 그리 멀지 않은 곳에 작은 집을 사서 작은아들 데이비드와 같이 나갔다. 큰아들 제임스는 여자친구와 살기 위해 독립했다. 리처드는 곧 아내를 상대로 이혼소송을 제기했다. 하지만 사건이 있기 얼마 전, 이들은 재결합을 하기로 했고 집을 팔아 오스트레일리아로 장기여행을 떠날 계획을 세우고 있었다. 혹시 여건이 되면 그곳에서 새 출발을 할 수도 있을 것이었다. 먼저 재결합을 제안한 쪽은 샐리였다.

그러나 한편 샐리는 리처드가 정말로 바라는 것이 화해를 하고 새로운 인생을 다시 같이 설계하는 것인지 의심하고 있었다. 리처드는 재결합의 조건으로 재산 분할 계약서 작성을 요구했는데, 샐리는 그의 진정한 목적은 재결합이 아니라 재산을 더 많이 가져가는 것뿐일 수도 있다고 생각했다. 심지어 그 계약서에는 샐리가 담배를 끊을 것, 다시는 남편이 말하는 중간에 끼어들지 않을 것 등의 조항이 들어 있었다.

사건 당일 아침, 리처드가 시키는 대로 베이컨과 계란을 사러 나가면서 샐리는 그가 사실은 자기를 잠깐 밖으로 내보내고 싶었던 것이 아닌가 하는 의심을 품었다. 돌아와서 남편의 휴대폰을 뒤져본 샐리는 그가 소위 '플라토닉한 관계'에 있는 여자친구와 통화를 했다는 것을

알게 되었다. 이에 대해 문자 리처드는 자기에게 따지지
말라고 했다. 샐리는 남편에게 점심을 만들어주었다. 그
리고 그를 망치로 때려 죽인 것이다.

약 10개월이 경과한 후 열린 재판에서 '왜 남편을
죽였느냐'는 질문을 받자 샐리는 잘 모르겠다, 그저 남
편이 자기와 더 이상 같이 있고 싶어 하지 않는다고 생
각했다고 대답했다. 샐리의 변호인은 샐리의 불안정한
정신 상태를 감안할 때 살인(모살)이 아니라 책임 능력
저하로 인한 고살만 인정되어야 한다고 주장했다. 실제
로 샐리는 가정 내의 스트레스, 우울증 및 불안 증상으
로 2004년부터 정신과 진료를 받았다. 다만 그녀는 2009
년 별거 이후 병원을 찾지 않았는데, 증상이 완화되어서
가 아니라 사실은 무기력증이 더욱 심해진 것이었다. 샐
리와 가까운 사람들은 샐리가 남편과 별거에 들어간 이
후 아무 의욕이 없었고 차라리 사고가 나기를 바랐다고
증언했다. 샐리에게는 남편이 세상의 전부였고, 남편 이
외의 다른 것에 관심을 가져보라는 얘기는 전혀 먹히지
않는 충고였던 것이다.

이 사건은 '질투심과 소유욕에 가득 찬 아내가 자
기 마음대로 되지 않는 남편을 죽인' 아주 전형적인 사
건으로 보였다. 배심원들은 사건 당시 샐리가 '비정상적

인 상태'였다는 변호인 측의 주장을 받아들이지 않았다. 2011년 7월, 배심원들은 전원 일치 의견으로 살인(모살)의 유죄를 인정했다. 판사는 샐리가 남편이 다른 여자들과 갖는 '우정'을 질투하여 '가장 사랑하는 사람을 죽였다는 사실을 기억하며 살아가야 할 것'이라고 꾸짖으며 종신형을 선고했다. 최소 복역해야 하는 형기는 22년이었다.

모욕, 외모 비하 그리고 외도

여기서 흥미로운 것은 어머니가 아버지를 잔인하게 죽여버린 이 사건에서 아들 두 명이 전적으로 어머니 편을 들었다는 점이었다. 아들들뿐만 아니라 이웃들, 두 사람의 친척들, 심지어 리처드의 가장 오래된 친구까지도 샐리를 지지하고 나섰다. 아들들은 부모의 결혼생활은 아버지 리처드 쪽이 전적으로 '통제'하는 관계였다고 말했다. 아들 데이비드에 따르면, 죽임을 당한 것은 아버지지만 결혼생활 내내 학대를 당한 것은 어머니였다. 그러나 자기 엄마가 받은 학대는 물리적이거나 눈에 선명히 보이는 것이 아니라 천천히 오랜 시간에 걸쳐 스며드는 종류의 것이라고 했다.

데이비드와 제임스 형제는 오랜 기간 동안 어머니를 대하는 자기 아버지의 태도가 매우 잘못되었다는 것을 알고 있었지만 그게 무엇인지를 설명할 수가 없었다. 겉으로는 아무 문제 없어 보였지만 이 가족의 관계는 어딘가 왜곡되어 있었다. 집안의 모든 일은 전적으로 리처드가 원하는 대로 굴러갔다. 무엇을 먹을지, 언제 먹을지, 어떻게 시간을 보낼지 등 사소한 것들까지 몽땅 다 리처드가 정하는 대로 따라야 했다. 가족들은 리처드가 없을 때는 TV를 보지 못했고 전화 사용도 금지되었다. 리처드는 가족들에게는 매우 인색하게 굴었지만 스스로를 위해서는 아낌없이 돈을 썼다. 고급 차와 옷을 샀고 해외로 자동차 경주를 보러 갔다. 집안 살림에 쓰는 돈은 샐리의 수입에서 나왔다. 그럼에도 불구하고 리처드는 끊임없이 샐리를 모욕했다. 실제로는 그렇지 않은데도 샐리가 뚱뚱해지고 있고 냄새가 난다고 핀잔을 주었고, 그녀를 '엄청나게 두꺼운 허벅지(thunder thighs)'라고 불렀다. 누군가 샐리의 외모를 칭찬이라도 하면 자기 아내가 벗은 걸 못 봐서 그렇다고 면전에서 말했다. 거리낌 없이 외도를 했고 데이트 사이트에 가입해 여자들을 만났다. 샐리가 미행을 한 날, 그는 성매매 업소로 들어갔다.

샐리가 리처드의 수많은 여성 편력에 대해 따지고 들면 리처드는 샐리가 미쳤다고, 그래서 이야기를 꾸며 내고 있다고 늘 말했다. 샐리는 아들 데이비드에게 자기가 정말 미친 것은 아닌지 심각하게 걱정이 된다고 털어놓은 일도 있었다. 샐리는 점점 더 많이 담배를 피웠고, 끊임없이 수다를 떨었다. 이야기의 주제는 거의 모두 리처드였다. 그녀가 남편을 절망적일 정도로 사랑하고 있다는 것은 누가 보기에도 명백했지만 누구도 리처드가 그럴 만한 자격이 있는 사람이라고 생각하지는 않았다. 또한 샐리가 오로지 바라는 바가 리처드가 자기를 사랑하는 것이라는 점도 명백했지만 누구도 그 소망이 이루어질 것이라고 생각하지 않았는데, 그건 샐리에게 어떤 문제가 있기 때문은 아니었다. 문제는 리처드였다.

둘은 샐리가 15세 때, 리처드가 22세 때 처음 만났다. 매우 보수적인 집안에서 태어나 나이 차가 매우 많이 나는 오빠 둘만을 두었고 아버지가 5세 때 사망한 샐리로서는 리처드가 처음 만난 남자이자 유일한 남자였다. 샐리는 리처드를 만나자마자 그를 위해 청소를 하고 음식을 만드는 등 집안일을 해주기 시작했다. 리처드는 샐리의 헌신적인 태도를 거리낌 없이 이용하면서도 끊임없이 다른 여자들을 만났다. 샐리가 17세 때 임신을

하자 샐리의 오빠들이 리처드를 만났는데, 그때 리처드
는 "누구의 아이인지 알 게 뭐냐"고 말했다. 결국 샐리
는 아이를 낙태했다. 샐리가 다른 여자들의 문제로 그에
게 맞섰을 때 리처드는 샐리를 질질 끌어내 길바닥에 내
팽개쳤다. 그럼에도 불구하고 샐리는 다른 사람을 만날
생각은 없었고, 결국 둘은 결혼했다. 이후 둘 사이의 모
든 것은 리처드가 원하는 방식대로 이루어졌다. 성적인
관계 역시 마찬가지였다. 한번은 리처드의 가장 친한 친
구가 샐리에게 작별 키스를 한 적이 있었는데 이를 목격
한 리처드는 징벌의 의미로 샐리를 강간했다.

'강요적 통제'라는 새로운 개념

사건에 대한 원심 재판이 있었던 2011년에는 샐리가 당
해온 일이 무엇인지에 대한 법적인 설명이 불가능했다.
샐리가 당한 일은 이제는 '강요적인 통제(coercive con-
trol)'라고 불린다. 2015년 개정된 중범죄법(Serious Crime
Act 2015)은 친밀한 관계 내지 가족관계 내에서의 통제
또는 강요적인 행동을 가정 내 학대로 규정해서 형사 처
벌을 할 수 있도록 했다. 이미 2012년에 검찰청은 가정
폭력 및 가정 내 학대에 신체적·성적으로 유형적 위해

를 가하는 폭력뿐 아니라 심리적·경제적·정서적인 학대 역시 포함시켜 고려해야 한다는 가이드라인을 정한 적이 있다. 이는 가정폭력에 있어서 신체적인 위해가 없는 정서적 학대만으로도 가해자를 처벌할 수 있도록 한 것이다.

여기서 말하는 강요적 통제의 예로 들 수 있는 것은 친구나 가족 등으로부터 고립시키기, 소비 등을 통제하기, 일상적인 행동이나 활동을 모니터하기, 지속적으로 모욕을 주거나 쓸모없다고 강조하기, 본인이나 자녀를 해치겠다고 협박하기, 불리한 사실을 경찰 등에 알리거나 공표하겠다고 협박하기, 재산이나 물건을 손상시키기, 범죄나 아동학대 등에 동참시키기 등이 있다.

강요적 통제를 지속적으로 당할 경우 피해자는 스스로에 대한 신뢰를 잃고 마치 전쟁 피해자처럼 피폐한 상태가 되어서, 자기를 학대하는 가해자에게 맞서거나 그를 떠날 자신감마저 상실하게 된다고 한다. 샐리의 친구나 친지들 역시 샐리에게 리처드를 떠나라고 수년간 권했고 샐리 역시 그럴 결심을 여러 차례 했지만 결국 실행하지 못했다. 30여 년의 심리적 학대의 결과로 샐리는 리처드가 없는 세상에서 어떻게 살아갈 수 있을지 상상할 수가 없었던 것이다.

강요적 통제가 심각한 정도로 장기간 지속되는 경우 피해자는 자살하거나 가해자를 죽이는 것 외에 다른 탈출구를 찾을 수 없다고 생각하기 쉽다. 마치 샐리가 그랬던 것처럼. 다만 가해자의 직전 행동이 직접적인 원인이 아닐 수도 있는데, 이는 '매맞는 아내 증후군(Battered Women Syndrome)'에서와 마찬가지라고 볼 수 있다. 매맞는 아내 증후군이란 상습적인 가정폭력에 노출된 여성이 우울증, 불안, 수면장애 등을 겪고 결국 학습된 무기력 때문에 폭력적인 배우자를 떠나지 못하는 증상을 보이는 것을 말한다. 이 증후군에 시달리는 피해자는 바로 직전에 발생한 폭력에 대한 방어 차원에서가 아니라 오랫동안 지속되어온 폭력의 집적 때문에 문득 폭발하여 살인을 행하기도 한다. 예를 들어 남편이 잠들어 있어 폭력을 행사하지 않을 때 죽이는 등의 방식으로 말이다. 만일 이 증후군이 인정된다면 영국 형법에서는 살인(모살)이 아니라 고살을 인정하는데, 이는 매맞는 아내 증후군을 방어 차원에서의 공격과 같은 책임 경감 요인으로 보기 때문이다.

샐리를 지지하는 사람들은 위와 같은 논리로 원심 판결 후 지속적으로 재심을 요구해왔다. 이들의 주장은 '샐리에게 아무런 죄가 없다는 것이 아니라, 지은 죄에

상응하는 만큼만 처벌을 받아야 한다'는 것이었다. 즉, 샐리는 복수심이나 질투심 때문에 남편을 살해한 것이 아니라 장기간 심리적인 조종을 당한 끝에 폭발하여 살인을 저지르게 되었다는 것이다. 특히 2015년 법개정 후에는 샐리를 강요적 통제의 피해자로 보아 모살이 아니라 고살로 죄명을 바꾸고 형기를 줄여야 한다는 캠페인이 벌어졌다. 이런 요구가 받아들여져 2019년 2월 마침내 샐리에 대한 재심 공판이 있었다.

재심에서 증인으로 나선 심리학자는 리처드가 샐리에게 사용한 수법들은 가스라이팅(제정신이 아니라고 몰아가는 것), 모욕 주기(불필요하고 사소한 규칙을 강요하는 것), 고립시키기, 지속적으로 비난하기, 감정적으로 학대하기 등이었다는 보고서를 제출했다. 즉 리처드는 아내로 하여금 스스로 철저히 쓸모없다고 느끼고 더욱더 자신에게 집착하도록 만들어왔다는 것이다. 따라서 샐리가 리처드를 망치로 공격해서 죽인 것은 리처드의 외도에 대한 질투 때문이라기보다는 수십 년에 걸친 심리적 조종에서 비롯된 좌절 때문이라고 보는 게 적절하다는 것이다. 객관적으로 보기에 샐리는 질투에 눈이 먼 폭력적인 사람이 아니라 아주 친절하고 사람들에게 마음을 쓰고 아들들의 말을 잘 들어주고 가족에게 끔찍하게 헌신하는, 도무지 살인을 저지를 것 같지 않은 조그마한 사람이었던 것이다.

재심에 출두한 심리학자의 증언

재심 재판부는 위와 같은 전문가의 보고를 증거로 채택하고, '살해 행위 당시 샐리에게 정신병리적 문제가 있었지만 관련 증거가 원심 때는 제출되지 않았기 때문에 원심 판결의 정당성을 확신할 수 없다'는 이유를 들어 원심 판결을 취소하였다. 다만 재심 재판부는 인정 죄명을 모살죄에서 고살죄로 변경하여 판결해 달라는 변호인 측의 요청은 거절하고 사건의 재심리를 명하였다. 이는 지속적인 심리적 학대를 가정폭력으로 인정하여 판단한 최초의 케이스라고 할 것이다. 샐리는 수감된 지 9년 만에 보석으로 풀려나 아들들 곁으로 돌아갔다. 여전히 샐리는 남편을 그리워한다고 말한다. 하지만 샐리 이외의 누구도 리처드를 좋게 말하거나 그리워하는 사람은 없다. 그를 잔인하게 죽인 샐리만이 여전히 그를 사랑한다고 말할 뿐이다.

샐리의 아들 데이비드는 강요적 통제라는 것이 무엇인지 사람들이 여전히 잘 이해하지 못한다고 말한 바 있다. 강요적 통제란 장기간에 걸쳐 사람을 파괴하는 것이지만 눈으로 쉽게 확인할 수 없는 것이기도 하다. 당하는 사람뿐 아니라 가해자마저도 어쩌면 자기가 저지르는 것이 강요적 통제라는 것을 모를 수도 있다. 하지만 강요적 통제란 엄연히 폭력이며, 피해자를 파괴하고, 그 주변의 관계를 파괴하고, 심지어 극단적인 결과를 가져올 수도 있다는 것이 이 사건 판결을 통해 인정된 것이다.

한편 한국 사회에서는 눈에 명백히 보이는 물리적, 신체적 폭력마저도 '가정 내에서 있을 수 있는 일'로 가볍게 취급되기도 하는 것을 여전히 본다. 과연 강요적 통제와 같은 심리적 학대를 가정폭력의 일종으로 인정하여 법적인 처벌을 할 수 있을까. 또한 강요적 통제의 피해자가 저지르고야 만 극단적 폭력에 대하여 기꺼이 선처를 할 수 있을까. 아니, 우선 그 개념조차 이해할 수 있을까. '이해할 수나 있으려나' 하고 의문을 던지는 대상은 일반인뿐이 아니다. 오히려 더욱 이해가 필요한 것은 경찰 및 검찰, 변호사 및 판사 등과 같이 피해자를 보호할 책임과 의무가 있으며 법을 다루는 사람들이다. 비록 사회 일반이 그 개념을 이해하지 못하는 상황이라 하더라도 그들은 이를 이해하고 보다 적극적으로 피해자들을 보호해야 하기 때문이다. 어쩐지 갈 길이 멀게 느껴지지만 지레 포기할 수 없는 일이다.

2019년 6월, 검찰은 피고인 측의 주장을 받아들여 샐리에게 고살죄를 적용해 기소했고, 법원은 사건을 재심리하지 않기로 하고 9년 4개월의 형을 선고했다. 하지만 이미 충분히 오랜 기간 수형 생활을 하였으므로 그녀는 다시 수감되지는 않을 것이다. 선고가 있던 날 샐리는 가족들에게 감사한 후 자신은 여전히 남편을 매우 사랑하며 이런 일이 없었더라면 좋았을 것이라고 말했다. 물론 그녀가 남편을 죽이지 않았더라면 좋았을 것이다. 하지만 그 전에 없었어야 했을 일은 샐리의 남편이 부당하고도 잔인하게 오랜 세월 동안 아내에게 가했던 통제다.

여덟 살 빅토리아와 '베이비 P'의 죽음

2000년, 여덟 살 빅토리아 클림비가 오랜 기간 학대당한 끝에 죽었다. 소녀는 아프리카 대륙 아이보리코스트(코트디부아르의 영어 이름)에서 일곱 남매 중 다섯째로 태어났고, 친부의 고모, 즉 고모할머니에게 양녀로 맡겨졌다. 고모할머니는 소녀의 부모에게 아이를 유럽으로 데리고 가 교육시키고 잘 돌봐준다고 약속했으나, 아이를 데리고 온 진짜 목적은 아동수당을 타내는 것이었다. 고모할머니와 그의 동거남은 아이를 자전거 체인과 망치와 전깃줄로 묶고 때렸다. 옷을 벗겨 추운 욕실에 가두어 두기도 했다. 죽을 당시 소녀는 저체온증과 장기 손상, 영양실조 상태였다. 죽은 소녀 몸에는 128개의 상처가 남아 있었다. 담뱃불로 지진 자국이 있었고, 적어도 24시간 이상 묶여 있었던 흔적이 있었다. 이보다 더 오랫동안 끔찍하게 고통을 당하다가 죽은 아이는 찾아보기 어려울 정도였다.

소녀는 학대로 입은 상처로 인해 이미 여러 차례 입원했었다. 따라서 만일 병원 관계자, 사회복지사, 경찰 같은 관련 기관들이 서로 긴밀히 의사소통하고 협조했더라면 아이를 살릴 수 있었을 것이라는 비난의 목소리가 높았다. 당시 노동당 정부는 이 사건을 대대적으로 조사했다. 소녀의 죽음과 관련된 개인 및 기관에 대한 조사는 물론 아동보호 시스템 전반에 대한 조사도 실시됐다. 1년 넘게 진행된 조사에 들어간 비용만 400만 파운드(약 58억 원)가량이었다. 참혹하고 비극적인 이 사건을 교훈 삼아 영국의 아동보호 시스템은 전면적인 개선이 이뤄진 것처럼 보였다. 그리 오래지 않아 소녀가 죽은 곳에서 멀지 않은 동네에서 또 다른 아이가 죽임을 당하기 전까지는 말이다.

피 묻은 아기용 침대에서 발견된 시신

죽은 아이는 한동안은 그저 '베이비 P'라고만 알려졌다. 베이비 P가 피 묻은 아기용 침대에서 파랗게 질린 채로 발견된 것은 2007년이었다. 빅토리아가 숨진 바로 그 지역, 런던 북부의 해링게이에서 벌어진 일이었다.

아이의 이름은 피터 코널리, 겨우 17개월 된 남자아이였다. 피터의 생모 트레이시 코널리와 동거남 스티븐 바커, 바커의 형인 제이슨 오언이 살인 혐의로 체포되었다. 아이 주변의 어른들은 피터를 마치 샌드백이나 봉제 인형처럼 취급했다. 심지어는 기르는 맹견에게 피터를 물라고 시킨 적도 있었다.

피터의 친아버지는 피터가 태어난 지 석 달 반 만에 모자를 두고 떠났다. 둘 사이에는 이미 세 명의 딸이 있었다. 남자가 떠난 후 넉 달 만에 트레이시 코널리는 바커와 같이 살기 시작했다. 코널리로서는 바커와의 관계가 매우 만족스러웠던 모양이다. 피터의 생부와 코널리는 열일곱 살 차이가 났다. 피터의 생부를 만났을 때 코널리는 겨우 열여섯 살이었다. 스물다섯 살의 코널리는 바커를 만난 후 사람들에게 처음으로 '사랑하는' 사람과 같이 지낸다는 것이 얼마나 행복한지 자랑하곤 했다. 하지만 젊은 엄마의 행복은 아이에게는 재앙의 시작이었다.

바커가 코널리 가족과 같이 살기 시작한 지 한 달 만인 2006년 10월, 가족의 주치의(GP, General Practitioner, 영국 국가의료보험 제도에서 환자들은 지역의 GP에게 등록한 후 1차 진료를 받도록 되어 있다)는 생후 일곱 달이 채 되지 않은 피터의 얼굴과 가슴에서 멍든 자국들을 발견했다. 아기의 엄마는 아기가 계단에서 넘어졌다고 설명했다. 한 달 후 주치의는 이번에는 아기의 이마와 가슴과 어깨에도 멍이 들어 있는 것을 발견했다. 아기 엄마의 석연치 않은 설명에 의심을 품은 주치의는 아기를 소아과 전문의가 진료하도록 전원 조치를 했다. 아기를 진료한 소아과 전문의 역시 아기의 상태가 심상치 않다고 생각했다. 아기의 상태는 이번에는 지역의 아동보호 담당자들에게 보고되었다.

코널리는 경찰의 조사를 받았다. 피터는 엄마에게서 격리되어 등록된 보모에게 임시로 맡겨졌으나, 한 달 만에 엄마에게 되돌아갔다. 보모는 엄마와 친분이 있는 사이였는데 아기가 머리로 사람을 들이받는 경향이 있다고 말했다. 경찰과 아동보호 담당 공무원들은 여러 차례 모자를 방문했지만, 바커가 모자와 같이 살고 있다는 사실은 몰랐다. 이 사실은 외부인들에게 철저히 비밀로 지켜졌다.

피터는 지역의 아동보호 시스템에 요보호 아동으로 등록됐다. 그러나 아기는 이후에도 멍과 긁힌 상처와 타박상 때문에 여러 차례 병원을 드나들었다. 사회복지사들은 정기적으로 또는 불시에 모자의 집을 방문했다. 의

사는 정기적으로 피터를 검진했다. 아동보호 담당 공무원이나 의료 관계자, 경찰은 피터가 숨지기 전까지 8개월 동안 60번 넘게 아기 피터를 만났다. 하지만 적극적 조처는 취해지지 않았다. 관계자들이 피터를 엄마로부터 격리시키기 위한 절차에 대한 법적 자문을 구하기도 했지만, 아이를 생모로부터 떼어내어 국가의 보호에 맡기는 것은 적합하지 않다는 결론이 났다. 피터 이외 다른 아이들의 경우 위생 상태가 좋아 보이지는 않았지만 학대를 받은 흔적은 없었고 결석 없이 학교에 다녔던 것이다. 관련된 전문가들은 사실은 학대를 의심하기보다는 아이들이 제대로 돌봄을 받고 있지 못하다는 점을 더 우려했다.

60번 넘는 면담도 막지 못한 아동학대

피터의 상태는 점차 더 나빠졌다. 아이를 방문한 사회복지사들은 아이가 놀고 싶어 하지 않고 기운이 없이 늘어져 있으며 머릿니를 없애기 위하여 머리를 박박 깎았고 두피와 귀와 손가락, 발가락에 심각한 염증이 있다고 기록했다. 아이의 엄마는 아이를 여러 병원에 데리고 다녔고 항생제를 처방받아 복용시켰다. 그사이 어느 시점에 바커의 형인 오언이 열다섯 살짜리 소녀를 데려와 같이 살기 시작했다. 또한 그는 일곱 살부터 열네 살까지의 다섯 아이와 애완용 뱀도 한 마리 데려왔는데, 관련된 공무원들은 이와 같은 사실 역시 알지 못했다. 훗날 코널리는 오언에게 이들을 다 데리고 나가라고 말했지만 무시당했다고 말했다. 코널리는 오언을 무서워했고 더는 행복하지 않았지만, 이와 같은 사실을 경찰이나 사회복지사들에게 말하지는 않았다.

피터가 죽기 이틀 전, 아이를 검진한 소아과 전문의는 유모차에 누워 있는 피터의 척추와 늑골이 부러져 있다는 것을 알아채지 못했다. 의사는 아이가 '까다롭기 때문에' 자세한 검진을 하지 않았다고 진료 기록부에 적었다. 그다음 날 코널리는 피터를 데리고 주치의를 만나기로 한 약속을 지키지 않았다. 그리고 그다음 날 피터는 사망했다. 아이는 죽을 당시 기저귀 말고는 아무것도 입고 있지 않았다. 멍든 자국을 가리기 위해 몸에는 여기저기 초콜릿이 발라져 있었다. 50군데가 넘는 상처가 있었고 척추 및 여덟 대의 늑골이 부러져 있었다. 손톱이 몇 개 빠져 있었고, 손가락 끝도 뭉개져 있었다. 학대와 고문의 흔적이었다. 부검한 결과, 아이는 자기 치아를 삼키는 바람에 호흡이 멎은 것으로 밝혀졌다. 얼굴을

가족이라는 치명적 늪

세게 맞아 이가 빠진 것이었다.

피터의 엄마는 살인죄로 체포되었다. 죽은 아이의 집을 방문한 경찰은 그제야 바커와 오언의 존재를 발견했다. 바커는 처음에는 코널리와는 그저 친구일 뿐이며 그날 아침 방문한 것이라고 우겼다. 하지만 코널리는 바커의 아이를 임신하고 있었던 것으로 밝혀졌다.

코널리와 바커와 오언을 모살죄로 처벌하기에는 증거가 부족했다. 바커와 오언은 서로 상대방이 아이의 죽음에 더 큰 역할을 했다고 주장했다. 누가 아이에게 어떤 짓을 했는지를 특정할 수 있는 방법은 없었다. 셋 중 코널리만 순순히 혐의를 인정했다. 결국 이들에게는 '아이를 사망에 이르게 한 죄'가 인정되었다. 피터의 죽음과 관련한 재판의 심리가 끝난 직후 바커와 코널리는 이번에는 두 살짜리 여자아이를 강간한 혐의로 재판을 받기 시작했고 바커는 유죄 판결을 받았다.

코널리는 '공중과 특히 어린이들에게 해가 되지 않는 기간 동안' 구금될 것을 선고받았으나 최소 형기를 채우고 가석방됐다. 하지만 본인의 선정적인 사진을 팔아 돈을 벌려고 했다는 혐의로 다시 구금되었다. 오언 역시 부정기형을 선고받았다가 항소심에서 형기가 6년으로 정해졌다. 바커는 2세 소녀에 대한 강간 때문에 무기형을 선고받았다.

피터의 죽음에 대한 영국 사회의 반응은 엄청났다. 사실 피터가 2007년에 학대 등으로 인해 사망한 유일한 아이는 아니었다. 그러나 피터의 죽음은 유난히 대중의 분노를 불러일으켰다. 물론 파란 눈에 금발을 한, 유독 사랑스러운 외모 때문이었을 수도 있다. 이 사건이 벌어졌을 때 영국인들, 특히 여자들로부터 "저 아이를 키우고 싶어 할 아이 없는 가족이 얼마나 많은데 아이를 저렇게 죽이다니. 차라리 입양 보내지" 하는 탄식을 몇 차례 들었던 것을 기억한다. 아이의 죽음이라고 할지라도 모두 평등한 취급을 받는 것은 아니다.

정치 공방으로 번진 아이들의 죽음

또한 여기에 더해 그의 죽음을 둘러싼 첨예한 정치적 공방에서 그 원인을 찾을 수 있을 것이다. 피터의 비극적 죽음은 과거 빅토리아 클림비의 사례를 그대로 반복한 것처럼 보였다. 다시 말해 빅토리아의 죽음 이후 노동당 정부가 야심 차게 시행했던 아동보호 프로그램이 완전히 실패작이었음을 보여주는 생생한 증거가 될 수 있었던 것이다. 더구나 두 아이의 죽음은 같은 지역에서 발생했다. 당시 야당이던 보수당 당수 데이비드 캐머런은 아이들의 죽음을 정치적으로 언급하지 않는다는 관례를 깨고 연일 피터의 죽음을 거론하며 노동당의 정책 실패를 공격했다. 대중 일간지 〈더 선〉도 매일 총력을 기울여 해링게이 지역의 아동보호 담당자들을 비난했고 이들을 해고하라는 캠페인을 벌였다. 한편 의사나 경찰의 경우 노동당 정책과 직접 관련되지 않았기 때문에 정치권과 언론의 공격을 피할 수 있었다.

결국 대중의 분노는 해링게이의 아동보호 담당자들에게 집중됐다. 한 아이의 죽음에서 아무런 교훈을 얻지 못한 채 무책임하게 다른 아이까지 숨지게 한 것에 사람들은 맹렬히 분노했다. 아동보호 담당자 본인 및 가족에 대해서까지 살해 위협이 있었다. 대중의 격노에 뭔가 즉각적 조치를 보여주지 않으면 안 될 것 같은 처지에 몰리자 담당 장관은 TV에 등장하여 해링게이 지역 아동보호 책임자를 해고하겠다고 전격적으로 발표했다. 법으로 정해진 해고 절차를 무시한 조치였다. 이 해고는 2년 반이 지난 뒤 항소법원에서 부당하다는 판결을 받았다. 법원은 판결문에서 당시 아동보호 담당자들, 특히 해당 책임자가 부당하게 희생양이 되었다고 밝혔다.

이 사건 이후 영국의 아동복지는 위험을 회피하는

쪽으로 방향이 정해진 듯하다. 특히 보수당 집권 이후 관련 예산은 삭감되었고 아동복지 전문가 사이의 연계는 더욱더 약화되었다. 업무 부담 또한 더 심해졌다. 피터가 죽은 지 10년이 경과한 지금, 아동복지 종사자들은 업무상 최우선 목표로 두는 것은 유사시 비난을 피하는 일이라고 말한다. 즉 아동이 살고 있는 가정을 유지시키면서 아동을 보호하는 방향을 취하기보다는 문제가 될 것 같은 상황이라면 일단 아동을 가정에서 격리시키는 것이다. 이로써 아이를 살릴 수 있을지는 모르겠으나 또 다른 부작용이 있을 것임은 말할 나위도 없다.

시스템만으로 비극을 막을 수는 없겠지만

피터, 즉 베이비 P의 죽음과 그를 둘러싼 논의들을 들여다보고 있노라면 '한국에 비한다면 훨씬 더 체계와 자원이 갖추어진 소위 선진국에서도 이와 같은 사건이 벌어지는구나' 하는 생각이 든다. 저 많은 자원을 쏟아 붓고도 아이를 살리지 못하다니, 어이가 없고 절망감이 들 정도다.

그러나 무책임하고 심지어 어처구니없는 말처럼 들릴 수도 있겠지만, 아이를 죽이기로 결심한 어른을 막기란 어려운 일이다. 이는 피터의 사망 당시 비난을 한 몸에 뒤집어쓰고 모욕적으로 해고당한 책임자가 한 말이다. 다시 말해서, 가정 안에서 벌어지는 아동학대를 외부에서 막는 데는 어쩔 수 없는 한계가 있다는 이야기다.

그럼에도 불구하고 사회가 지속적으로 이런 방법, 저런 방법을 취해보며 아동학대를 방지하기 위해 노력하는 것과 맥 놓고 가만히 있는 것은 당연히 매우 다른 결과를 가져올 것이다. 그러니 일단 가정에서 벌어지는 아동학대를 가정 내의 일이라며 방치할 것이 아니라 사회가 책임지고 방지해야 할 중요한 일로 인식하고 자원을 투입해야 할 일이다.

한국의 경우 아동에 관한 책임을 어느 선까지 사회가 짊어져야 하는 것으로 보고 있는지, 이를 위하여 어느 정도의 자원을 투입할 준비가 되어 있는지, 가정은 어느 정도까지 사회의 개입을 용인할 것인지, 게다가 앞서 말했듯이 때로는 이 정책들은 완전한 실패로 보이기조차 하는 것이니 어떻게 사람들을 설득할 것인지, 생각해보면 갈 길이 너무 멀어 보인다.

그들이 결혼하지 않았더라면

이민을 가서 그 나라의 국적을 취득했다고 해서 완전히 그 나라 사람이 되는 것은 아니다. 무슨 이야기인가 하면 사는 곳이 바뀐다고 해서 그 이전까지 지니고 살아가던 정서나 사고방식까지 금방 바뀌는 것은 아니라는 소리다. 물론 이민 2세대라면 이민 1세대에 비해 새로운 사회의 지식 및 사고방식을 더 넓고 깊게 습득하겠지만 이들 역시 부모가 속한 문화의 영향을 받으며 성장하기 마련이다. 그 결과 소수민족은 대개 사회 주류와는 약간 다른, 그들만의 집단적 특성을 가지게 된다.

집단적 특성에는 문화나 가치관 같은 추상적인 측면만 있는 것이 아니다. 구체적인 생활습관 역시 부모 세대의 영향을 받는 것을 가끔 보게 된다. 사소한 예를 하나 들어보자면, 음식을 먹는 방식 같은 것이다. 한국 사람들은 음식을 이로 끊어서 먹는 것에 익숙하다. 즉 음식이 입 안과 입 밖에 걸쳐져 있는 상태에서 한 번에 삼킬 분량을 이로 잘라내는 방식으로 음식을 먹는다. 하지만 영국 사람들은 나이프를 사용하거나 다른 도구를 이용해서 한 입 크기로 음식을 자른 후 입에 넣는다. 아이가 만 네 살 정도였을 때 아이의 친구들이 피시 핑거(생선살에 빵가루를 묻혀 튀긴 것, 손가락 크기 정도로 만들기 때문에 저 이름이 붙었다)를 먹는 모습을 본 적이 있다. 부모 모두 한국인인 아이가 둘, 엄마가 한국인이고 아빠가 영국인인 아이가 셋, 엄마아빠 모두 영국인인 아이가 둘이었는데, 엄마가 한국인인 아이들은 모두 포크에 꽂은 피시 핑거를 아무런 문제 없이 이로 잘라 먹었고, 엄마가 영국인인 아이들은 나이프를 달라고 하거나 포크로 음식을 자르려고 애를 썼다. 말하자면 꼬마들도 엄마가 영국인이면 음식은 일단 한입 크기로 잘라서 한 번에 입 안으로 넣는 것이라고 배운다는 이야기다.

민족적·집단적 특성 이야기로 돌아가서, 영국 사회에서 인도인은 가장 많이 눈에 띄는 소수민족이라고 할 수 있다(본인들 스스로는 자기들을 하나의 민족이라고 생각하지 않을 수도 있다). 손쉬운 일반화일 수도 있다는 위험성을 감수하고 묘사한다면, 대개 인도인들은 교

육열이 높고 상당수가 전문 직종에 종사하지만 그럼에
도 불구하고 매우 보수적이고 가족 중심적인 경향이 강
하다. 결혼과 관련한 문제에 있어서는 주인공인 개인보
다 가족 간의 관계를 더 고려하는 편이다. 비록 사는 곳
이 개인주의적인 태도를 매우 중시하는 영국이더라도
말이다. 이런 태도들은 사실 우리 한국인에게 그다지 낯
설지 않은 지점이다.

화려한 결혼식 뒤에 숨겨진 갈등

인도계 스웨덴인인 힌도차 가족에게 시리엔 드와니는
막내딸 애니의 신랑감으로 꽤 괜찮게 보였을 것이다. 역
시 인도계 영국인인 드와니는 서른을 갓 넘겼을 뿐이지
만 노인 요양소를 운영하는 백만장자 사업가였고 태도
도 나쁘지 않았다. 우간다에 살던 힌도차 집안은 악명
높은 독재자 이디 아민 시절 스웨덴으로 망명해 정착했
다. 애니는 스웨덴에서 태어나 대학을 마친 후 엔지니어
로 일했다. 애니는 낭만적이고 밝은 성격의 소유자였고
언젠가는 백마를 탄 왕자가 나타날 거라고 믿었는데, 소
개로 만난 시리엔 드와니는 준수한 외모에다 꽃과 선물
을 아끼지 않았다. 애니는 아버지에게 드와니를 많이 좋

아하기는 하지만 사랑하지는 않는다며 그와의 결혼에 대한 확신이 없다고 했다. 하지만 드와니는 비행기를 전세 내어 그녀를 태우고 파리로 날아가 프러포즈를 했고, 결국 애니는 결혼을 승낙했다. 총각파티는 라스베이거스에서 열렸다. 둘은 만난 지 1년 반 만에 인도 뭄바이 외곽의 리조트에서 매우 호화스러운 결혼식을 올렸다. 경비만 20만 파운드(당시 환율로 약 4억 원)가 들어간 성대한 인도식 결혼식이었다. 아름다운 외모를 가진, 보기 좋은 커플이었다.

결혼식을 마친 뒤 잠시 영국으로 돌아왔던 둘은 곧 남아프리카공화국으로 호사스러운 신혼여행을 떠났다. 여행 7일째인 2010년 11월 13일, 이들은 택시를 대절해 케이프타운 관광에 나섰다. 이들이 탄 택시가 도심을 벗어나자마자 곧 무장한 흑인들이 나타나 차를 덮쳤다. 운전수를 먼저 쫓아낸 강도들은 곧이어 시리엔 드와니의 금품을 빼앗고 역시 차 밖으로 몰아냈다. 다음 날 아침 7시경 28세의 신부는 택시 뒷자리에서 목에 한 발의 총을 맞은 시체로 발견되었다. 지니고 있던 귀중품은 사라진 상태였지만 성폭행당한 흔적은 없었다. 결혼식을 올린지 2주일 만에 벌어진 일이었다.

애니의 아버지는 급히 남아공으로 날아갔다. 딸의

시신을 보겠다는 아버지에게 사위는 '피가 완전히 빠져 나갔기 때문에 액체를 좀 채워넣어 보기 좋게 해야 할 것'이라고 말했다. 아버지는 사위의 무신경한 말투에 충격을 받았다. 사위가 컴퓨터와 전화기에 더 신경을 쓰는 것 같다고도 생각했다. 드와니는 끝내 죽은 신부의 시신을 보러 장인과 같이 나서지 않았는데, 애니의 아버지는 나중에 사위가 죽은 아내를 보러 가는 대신 그 시간에 이발을 하고 새 양복을 샀다는 것을 알았다.

런던에서 치러진 장례식 과정에서 애니는 철저히 드와니 집안의 사람으로 취급되었다. 장례식 전체를 드와니 집안이 주도했다. 의식 내내 배제돼 있어야 했던 힌도차 집안 사람들은 장례식을 마친 뒤 참석자들을 위해 열린 떠들썩한 피자 파티에 특히 분노했다. 화장된 애니의 재는 6개월이 지나서야 그녀가 자란 스웨덴 집 근처의 호수에 뿌려질 수 있었다.

청부살인을 주장하고 나선 범인들

어쨌거나 이 사건은 전형적인 강도 살인 사건으로 보였다. 불운한 신랑은 세상의 동정을 한몸에 받았다. 얼마 지나지 않아 잡힌 범인들이 이 사건이 사실은 청부살인이고 범행을 지시한 것은 다름 아닌 새신랑이라고 자백하기 전까지는 말이다. 범인들은 새신랑과 1만 5,000랜드(당시 환율로 약 200만 원)에 계약을 맺고 납치극을 벌인 후 새색시를 죽여주기로 합의했다고 주장했다. 운전수 역시 일당이었던 것으로 밝혀졌다.

범인들은 유죄를 먼저 인정하고 증언을 하는 대가로 감형을 약속받았다. 드와니는 납치, 살인, 강도 등을 포함한 다섯 가지 혐의로 기소되었다. 남아공 사법 당국은 그를 인도해 달라고 영국에 요구했으나 드와니 측은 그가 사건 이후 외상 후 스트레스 장애(PTSD) 및 우울증을 앓고 있어 송환과 재판 등의 절차를 감당할 정신 상태가 아님을 주장하며 강력히 버텼다. 드와니를 송환하기 위한 법적 다툼은 4년 가까이 지속되었다. 드와니가 남아공으로 송환되어 재판이 시작된 것은 2014년 10월 6일이 되어서였다.

검찰은 성 노동자 남성 레오폴드 라이서를 증언대에 세우기를 원했다. 업계에서 일명 '독일인 주인님'이라는 이름으로 활동하는 그는 드와니와 2009년 9월에서 2010년 4월 사이에 세 번 만났다고 했다. 드와니가 애니와 결혼을 전제로 만나고 있던 시기였다. 라이서는 드와니와 같이 약을 했고 롤 플레이와 사도마조히즘적 성행위를 했다. 라이서에 따르면 드와니는 결혼에 대한 좌절감을 토로했는데 결혼할 여자가 착하고 사랑스럽지만 자기는 남자에 더 끌린다고 했다는 것이다. 그러나 이 결혼을 하지 않으면 가족에게 버림받을 것이라 두렵다는 이야기였다. 라이서는 드와니를 좋아했다고 했다. 스스로 정한 규칙을 어기고 드와니와 '긴 밤'을 보내기도 했다. 드와니는 라이서에게 예전 남자 이야기와, 당시 가족에게 사실을 털어놓을 생각을 했었다는 이야기를 했다. 나아가 어떻게든 가족을 부끄럽게 하지 않고 이 결혼에서 빠져나올 방법을 찾겠다고 했다는 것이다. 하지만 라이서는 이와 같은 이야기들을 재판이 시작되기도 전에 언론에 팔았다. 따라서 그가 말한 내용은 그리 믿을 만하지 않은 것으로 취급되었다.

한편 애니의 사촌은 둘이 결혼에 이르기까지 문제가 많았으며, 애니가 호사스러운 결혼식을 마치고 인도에서 돌아오자마자 이혼에 대한 이야기를 꺼냈다고 했다. 또한 애니가 신혼여행 중에도 남편을 싫어했으며, 그와 시간을 같이 보내고 싶지 않다고 했다는 증언을 했다. 시리엔 드와니가 자기 가족에게 성 정체성을 밝히지 못했듯이 애니 힌도차 역시 결혼할 남자와의 문제들을 부모에게는 차마 말하지 못했다.

법정에서 기각당한 동성 파트너의 증언

모든 의혹과 진술에도 불구하고 재판 결과 드와니는 무죄인 것으로 결론지어졌다. 범인들의 증언은 서로 모순되었고 거듭 번복되었다. 판사는 범인들의 증언이 '어디까지가 거짓말이고, 어디서부터 사실이 시작되는지 알 수 없을 정도로 엉망'이라며 이를 배척했다. 이들이 경찰이 원하는 대로 드와니가 범행을 사주했다는 진술을 할 때까지 고문을 당했다는 의심도 있었다. 아무튼 이들의 증언만으로는 드와니에게 살인 유죄 판단을 내리기 부족했다. 검찰은 드와니의 성 정체성이 사건의 동기가 될 수 있다고 주장했으나 판사는 그와 같은 주장 역시 배척했고, 라이서의 진술을 증거로 채택하지 않았다.

2014년 12월 무죄 방면된 드와니는 영국으로 돌아왔고, 사람들이 거짓말쟁이들의 말에 의지하여 자신을 마녀사냥했다고 비난했다. 그럼에도 불구하고 여전히 많은 사람들은 그가 젊은 신부를 죽였다고 생각하는 듯하다. 그에 대한 대중의 악의적인 관심 역시 사라지지 않았다. 분노한 사람들이 저택 같은 그의 집 대문에 페인트를 뿌리기도 했다. 지하철에 앉아 있는 그의 사진이 '매우 지친 시리엔 드와니의 모습' 같은 표제를 달고 신문을 장식한 일도 있다.

애니의 아버지 비노드 힌도차는 드와니의 성 정체성을 보다 일찍 알아채지 못해서 딸의 결혼을 허락했다고 심하게 자책했다. 결혼 전 드와니로부터 결혼식을 올리기 전까지는 성관계를 갖지 않겠다는 이야기를 들은 애니가 아버지에게 혹시 자기가 못생겼냐고 물었다는데, 이런 기억들이 그를 놓아주지 않는 듯하다. 그는 사건과 관련하여 신문에 회고록을 쓰기도 했다. 애니의 어머니는 암에 걸렸고, 아버지는 사고로 팔을 잃었다. 그 모든 일이 애니의 죽음 때문에 생긴 일은 아닐 수 있지만 아마도 힌도차 가족은 사랑하던 막내딸의 죽음으로부터 영원히 자유롭지 못할 것이다.

레오폴드 라이서는 드와니와의 이야기를 신문에 판이후 더 이상 성 노동을 할 수 없게 되었다. 그는 경제적 타격과 더불어 극심한 정신적 스트레스에 시달렸다. 재판 당시 드와니는 자기는 동성애자라기보다 양성애자라고 반박했다. 여자와 남자 양쪽에 다 성적인 끌림을 느낀다는 것이었다. 그러나 여자와는 주로 연애를 하면서 성적인 관계를 갖는 반면 남자의 경우 일회적으로 만나거나 성 노동자를 상대해왔을 따름이라고 주장했다. 즉라이서와는 연애를 한 것이 아니라는 이야기였다. 만일

　　　　가족이라는 치명적 늪

라이서가 암시한 바와 같이 그들이 정말로 잠시나마 서로 사랑했다면 그 사랑에 제대로 종지부를 찍는 부인이 아닐 수 없었다. 라이서는 2016년 9월 목을 맨 시체로 발견되었다. 발견된 날은 그의 생일 다음다음 날이었다.

그들은 왜 부모에게 솔직하지 못했을까

이 일련의 비극적 사건들은 따지고 보면 시리엔 드와니와 애니 힌도차의 잘못된 결혼으로부터 발생한 것이다. 시리엔 드와니가 커밍아웃할 수 있었거나 애니 힌도차가 시리엔 드와니와 결혼하고 싶지 않다고 자기 가족에게 솔직히 말할 수 있었다면 애초에 생기지 않았을 일들이다. 하지만 그 젊은이들은 가족에게 자기 이야기를 하지 못했고 서로 사랑하지 않았음에도 마치 행복한 것처럼 웃으며 결혼을 했다. 비록 그들이 자라고 살았던 곳이 심지어 동성 간의 결혼까지도 허용하는 영국과 스웨덴이었는데도 말이다.

그런데 만일 이 젊은이들이 솔직하게 고백을 했다면 그 가족들은 자식의 이야기를 수용했을까. "너희들의 인생이고, 결혼은 인생에서 가장 큰 결정이니까 너희가 하고 싶은 대로 하라"고 기꺼이 지지해주었을까. 이후 어떤 일이 벌어질지를 알았다면야 물론 그랬을 거라고 생각한다. 동성애자이건, 늦은 나이에도 결혼을 못 했건, 집안을 망신시켰건 간에 살아 있는 자식이 죽은 자식이거나 불행한 자식보다 훨씬 나은 것이다. 그러나 세상에는 또한 그렇게 생각하지 않는 사람들이 있기도 하다는 것을 이제는 안다. 세상에는 심지어 자기 마음대로 되지 않는 자식을 직접 죽여버리는 부모도 있다.

명예는 하나도 없는 명예살인

베칼 마흐무드는 16세이던 2002년 집에서 도망쳤다. 아버지가 남편으로 정한 사촌과 결혼하고 싶지 않았기 때문이다. 베칼은 이라크에 있는 그 사촌을 단 한 번도 본 적이 없었다.

1995년, 쿠르드 족인 마흐무드 집안은 사담 후세인의 폭정을 피해 영국으로 왔다. 당시 많은 친척들도 같이 넘어왔으므로 그들은 고향에서와 마찬가지로 여전히 대가족을 이루고 살았다. 마흐무드 집안은 떠나온 고향에서는 존경받는 사람들이었다. 땅을 소유한 집안이었고, 조상들 중에는 유명한 인물들이 있었다. 그러나 영국에서 베칼의 아버지 마흐무드는 제대로 된 직업을 가질 수 없었다. 그는 영어를 한마디도 하지 못했고, 사회보장 시스템에 의지해서 살아갈 수밖에 없었다. 그러니 그가 자존심을 세울 수 있는 유일한 상대는 친척들뿐이었을 수도 있다. 하지만 그는 동생인 아리 마흐무드에게 집안의 좌장 자리를 빼앗겼다. 동생보다 경제적으로 자리를 잡지 못한 것도 이유의 하나였지만 집안에서 그의 평판을 떨어뜨린 것은 무엇보다도 그의 딸들이었다. 마흐무드의 딸들은 아버지의 명령에 복종하지 않았던 것이다.

아버지의 명령을 거부한 딸들

마흐무드의 딸들은 학교에 다니면서 빠르게 영어를 배우고 새로운 사회에 적응하기 시작했다. 아버지는 딸들을 폭력을 써서 통제하고자 했다. 폭력은 일상적이었다. 상의 단추 하나가 풀려 있다거나 헤어 젤을 사용했다는 정도의 사소한 일들도 폭력의 이유가 됐다. 베칼은 반항적인 소녀는 아니었지만 다른 아이들처럼 친구를 사귀고 장래를 계획하고 '평범하게' 살 수 있기를 바랐다. 더운 여름철, 머리카락을 가리는 스카프를 잠시 벗고 있다가 아버지에게 들켰을 때 베칼은 수십 대의 매질을 당했다. 아버지는 딸의 얼굴에 침을 뱉은 후 '부모의 말을 어길 생각은 꿈에도 하지 말라'고 외쳤다. 딸들이 서구의 생활방식을 받아들이는 것은 곧 아버지의 말을 따르지 않는다는 의미였고 이는 아버지를 불명예스럽게 만드는 일이었다. 반면 가족의 하나뿐인 아들이 여러 가지 사소한 범죄를 저지르다가 결국 불량배가 되었다는 사실은 가족의 명예에 아무런 문제도 되지 않았다.

베칼이 자신보다 나이가 두 배나 많은 사촌과 결혼하는 것을 거부하자 부모는 딸을 가뒀다. 그녀는 집이 비었을 때 경찰에 신고하여 간신히 집에서 벗어날 수 있었고, 위탁 가정에서 보호를 받게 되었다. 아버지 마흐무드는 그녀가 돌아오지 않으면 여동생들을 몽땅 죽이고, 어머니 역시 죽인 후 자살하겠다고 위협했다. 베칼이 가족에게 입힌 불명예가 너무 크기 때문에 다른 방법이 없다는 것이었다. 그녀는 아버지의 협박이 말로 그치지 않으리라는 걸 믿었다. 마흐무드에게 친척들 사이에서 본인의 체면이 서느냐 아니냐는 가족의 목숨보다도 중요한 일이었다. 그녀가 어쩔 수 없이 집으로 돌아가자 마흐무드의 폭행과 결혼 강요는 계속됐다. 베칼은 다시 도망쳐서 위탁 가정으로 돌아갔다.

베칼은 같은 무슬림이지만 보다 자유로운 환경에서 자라난 남자친구를 사귀게 되었다. 이 사실을 알게 되자 아버지는 아들에게 친동생인 베칼을 죽이라고 했다. 베칼의 오빠는 그녀를 불러내어 말을 걸다가 그녀가 등을 돌리고 있는 사이에 배낭에서 덤벨을 꺼내 머리를 내리쳤다. 피를 흘리며 쓰러진 베칼에게 오빠는 가문을 부끄럽게 한 여동생을 죽이는 것이 자기 의무라고 울면서 외쳤다. 하지만 그는 차마 살려달라고 애원하는 여동생을 죽이지는 못했다. 베칼은 병원에 가서 상처를 봉합했지만 경찰의 조사에 응하지는 않았다. 비록 가족으로부터 폭력을 당하고 집을 떠나왔지만 그녀 역시 가족이 경찰의 조사를 받고 처벌받는 것, 더 나아가 그로 인하여 가족이 명예를 잃는 것을 원하지는 않았던 것이다.

가까스로 목숨을 구한 지 몇 달이 지났을 때 베칼은 두 살 아래인 여동생 바나즈가 아버지의 뜻에 따라 결혼하기로 했다는 소식을 들었다. 바나즈는 열일곱 살이었다. 바나즈가 언니와 반대되는 선택을 한 이유는 충분히 짐작할 수 있다. 그리고 여동생의 결심을 전해 듣고 베칼이 느꼈을 슬픔과 미안함과 분노 또한 짐작할 수 있다.

바나즈가 결혼할 남자는 30대였고 역시 사촌 중 한 명이었다. 마흐무드는 마치 '데이비드 베컴'과 같은 사윗감이라며 매우 흡족해했지만, 이라크에서 영국으로 온 지 얼마 되지 않은 바나즈의 남편은 영어를 한마디도 못했고 글자를 읽지도 못했으며 폭력적이었다. 그는 어

가족이라는 치명적 늪

린 아내를 규칙적으로 때리고 강간했다. 친정의 가족들은 이와 같은 사실을 곧 알게 되었으나 아내가 자신을 존경하지 않아 때렸고, 잠자리를 거절했기 때문에 강제로 취했다는 사위의 설명을 수긍했고 바나즈에게 더 나은 아내가 되라고 설득했다. 어린 신부는 불행한 결혼생활을 견뎠는데, 이는 오로지 아버지를 기쁘게 하기 위해서였다. 자기의 불행의 이유인 아버지를 위해서 말이다. 하지만 바나즈는 결국 2년 6개월 만에 남편에게서 도망쳤다. 바나즈는 남편이 자기를 신발짝처럼 취급했다고 말했다.

폭력을 피해 도망친 어린 신부

바나즈는 라맛 술래마니라는 남자와 사랑에 빠졌다. 라맛은 오랜 세월 집안끼리 알고 지내온 사이였지만 아버지와 삼촌 눈에는 부족한 상대였다. 그들은 라맛이 자신들 집안에 사윗감으로 들이기에 적합하지 않다고 생각했다. 게다가 바나즈는 아직 법적으로 결혼한 상태였다. 자기들이 만나는 것이 문제가 된다는 사실을 잘 알고 있었던 두 사람은 친척들의 눈을 피해 몰래 만났다. 그러나 그들이 지하철역에서 입 맞추는 걸 본 친척이 이를 아버지에게 알렸다. 삼촌인 아리의 집에서 가족회의가 열렸고 집안의 남자들은 가문의 명예를 실추시킨 바나즈와 라맛을 죽여버리기로 결정했다. 아리는 이를 바나즈의 어머니에게 통고했다.

2005년 12월 31일, 마흐무드는 딸을 목 졸라 죽이려 했다. 바나즈는 유리창을 깨느라 팔에 깊은 상처를 입은 채 간신히 도망쳤다. 바나즈의 신고를 받은 경찰은 그녀의 말을 믿지 않았다. 경찰은 바나즈가 거짓말을 한다고 생각했다. 2000년대의 영국에서 이런 말도 안 되는 일이 벌어진다고는 쉽사리 믿을 수 없었던 것이다. 바나즈는 경찰에 몇 차례나 목숨의 위협을 받고 있다고 신고했다. 하지만 매번 경찰은 그녀의 신고를 가볍게 생각했고 아무런 조치를 취하지 않았다. 하지만 상황을 위중하게 생각하지 않은 것은 바나즈 역시 마찬가지였던 듯하다. 마흐무드가 눈물을 보이면서 다시는 그런 일이 없을 것이라며 돌아오라고 빌자 바나즈는 아버지의 말을 믿고 집으로 돌아갔다.

트렁크에서 발견된 처참한 시신

2006년 1월 22일, 라맛은 납치당할 위기를 간신히 모면

했다. 관련 진술을 하기로 했던 바나즈는 다음 날 경찰서에 나타나지 않았다. 라맛의 신고를 받은 경찰이 바나즈의 행방을 묻자 가족들은 그녀가 성인이므로 어디든 오고 갈 자유가 있다고, 친구와 잘 지내고 있다고 말했다.

그녀가 다시 모습을 드러낸 것은 4개월 후였다. 거의 완전히 썩은 채로 트렁크 속에 처박혀 있었다. 속옷 한 장 만을 걸치고 있었고 목에는 전깃줄이 감겨 있었다. 바나즈는 겨우 스무 살이었다. 그녀를 살해한 것은 아버지와 삼촌과 세 명의 남자 친척들이었다. 그녀의 죽음은 특별히 끔찍했다고 말할 수밖에 없다. 그녀가 살해당한 것은 자기 집이었다. 심지어 위층에는 가족들이 있었던 것으로 알려졌다. 직접 그녀를 죽인 범인은 사촌 중 하나였는데, 다른 친척들에게 자기들이 얼마나 '남자답게' 그녀를 '처리했는지'를 참을 수 없을 만큼 저질스러운 용어를 사용해 자랑했다. 그녀는 죽임을 당하기 전에 두 시간 동안 고문과 강간을 당했다. 너무 겁에 질린 나머지 토했지만 범인들은 이를 아랑곳하지 않았다. 결국 목에 전깃줄을 세 번 둘러 감고 줄이 살 속으로 파고들 지경으로 세게 당겼는데도 바나즈의 숨은 쉽게 끊어지지 않았다. 한 명이 그녀의 등에 발을 대고 줄을 뒤로 당겨 조였다. 그녀가 완전히 숨지기까지 30분이 넘게 걸렸다.

친척 수십 명이 사건에 간접적으로 가담했다. 누군가는 거짓말을 해서 알리바이를 제공했고, 누군가는 시체를 숨기는 것을 도왔다. 언니 베칼과 연인 라맛을 제외한 누구도 증인으로 나서지 않았다. 어머니나 다른 자매들도 마찬가지였다.

아버지는 최소 20년형을, 삼촌은 23년형을, 다른 한 명의 범인은 최소 17년형을 선고받았고, 직접 살인 행위를 한 두 명은 종신형을 선고받았다. 선고 당시 판사는 사건의 야만성을 개탄하면서 혈육의 생명보다 명예를 더 중요하게 생각한 이들을 꾸짖었다. 하지만 이들이 지키고자 한 것이 '명예'라는 데는 도무지 동의할 수 없다. 자기들보다 힘이 약한 존재를 상대로 폭력을 휘두르고 억압하는 일보다 더 큰 불명예가 어디 있다는 말인가. 그들은 폭력과 억압을 저지르는 것조차 제대로 못 한다며 다른 남자들에게서 비웃음을 사는 것을 두려워했다. 그래서 저지른 저 끔찍한 범죄, 가족의 일원인 어린 여성을 향해 저지른 범죄의 어디에 명예라고 할 만한 것이 있다는 말인가.

재판에서 증언한 후 베칼과 라맛은 경찰의 증인 보

호 프로그램을 통해 신분을 바꾸고 숨어 살았다. 베칼은 외출할 때면 친척들의 눈을 피하기 위해 온몸을 가리는 전통 복장을 뒤집어쓰고 길을 나서야 했다. 누리는 것이 당연한 자유를 원한 대가다. 라맛 역시 신분을 숨기고 숨어 지내야 했다. 그는 연인이 죽임을 당한 지 10년이 지난 2016년 목을 매어 자살했다.

이 사건은 영국에서 벌어진 소위 '명예살인' 사건 중 가장 많이 알려진 것 중 하나다. 그 이전까지 소수민족 내에서 벌어진 사건은 문화적인 차이에 의하여 발생한 것으로 여겨져 상대적으로 덜 엄격한 판단이 내려지는 경향이 있었다. 말하자면 이와 같은 범죄가 저질러진 데 대하여 '그 집단의 문화적 맥락에서 보면 어떤 이유가 있었겠지' 하는 식의 접근이었다고나 할까. 하지만 이 끔찍한 사건을 그런 식으로 수용하며 넘길 수는 없었을 것이다. 이 사건에서 판사는 이런 것이 문화라면 문화가 바뀌어야 하는 것이지 여성들이 문화 때문에 희생되어야 하는 것은 아니라고 일갈했다.

열녀문에 드리운 명예살인의 그림자

이 사건은 일견 새로운 문화, 보다 덜 가부장적이고 여성에게 자유를 주는 것이 당연한 문화에 적응하며 살아야 할 보수적인 이주민들이 저지른 끔찍한 일처럼 들린다. 하지만 이 사건에 대하여 그저 저들은 이토록 끔찍한 일을 저지르기도 하는 사람들이라고 비난하고 치울 수 있겠는가. 우리 사회 내부에는 저와 유사한 문제가 존재하지 않는가 하는 말이다. 우리 사회는 그렇지 않은 척, 괜찮은 척, 기존의 질서를 고수하고자 여성들에게 희생을 강요하는 일 같은 건 없는 척하면서 이주민만을 경원시할 일은 아니다. 따지고 보면 한국 곳곳에 세워진 열녀문이라는 것 또한 사실은 오래된 명예살인의 흔적은 아니던가. 가문의 명예를 위하여 죽음을 선택할 수밖에 없었던 여자들을 기리는 흔적들이기 때문이다. 더 나아가 종류를 살인에만 국한시키지 않는다면, 남자의 '명예'를 지킨답시고 여성을 상대로 저지르는 범죄는 여전히 한국 사회에도 빈번하게 일어나고 있으며 그와 같은 변명은 때로는 여전히 너그럽게 통용되고 있는 것이다.

4장
이웃에 사는 작은 악마

빈곤과 폭력, 그 무한 루프

2014년 12월 8일 영국 북동부 지역의 하틀풀에서 10대 초반의 소녀 둘이 성인 여성을 죽였다. 이들에게는 모살죄가 인정되었고, 둘 다에게 종신형이 선고되었다. 선고가 내려질 때 한 소녀는 킥킥 웃었다고 했다. 하지만 이들이 법정에서 퇴장했을 때 닫힌 문 뒤에서 비명 소리가 들려왔다.

살인의 방식은 도저히 어린 소녀들의 짓이라고는 볼 수 없을 정도로 특별히 끔찍했다. 게다가 죽인 장소가 피해자 본인의 집이었다. 서구인들의 관점에서 집이란 외부나 공유 공간과는 구별되는 특별한 공간이다. 즉 피해자는 당연히 더 안전해야 마땅할 것으로 여겨지는 '자기 집'에서 끔찍한 죽음을 당한 것이다.

시체에는 수백 군데의 상처가 있었고, 아랫도리 옷은 모두 벗겨져 있었다. 여자는 전기주전자, 텔레비전,

프린터, 커피 테이블, 거기에 더해 삽이며 못이 박혀 있는 나무막대기 등으로 맞아 죽었다. 집은 엉망으로 부서졌다. 온 사방에 피가 튀어 있었고 심지어 천장까지 피가 묻어 있었다. 피해자는 숨이 끊어지기까지 정신적·육체적으로 엄청난 고통을 당했을 것이었다. 학대는 여덟 시간 이상 지속되었다. 초저녁부터 피해자를 때리기 시작한 소녀들은 밤 11시쯤 잠시 '휴식을 취하러' 친구 집에 놀러 갔다가 새벽 2시쯤 '하던 일을 계속하기 위해' 돌아왔다. 이들은 새벽 4시쯤 999(한국으로 치면 119)에 전화를 했는데 물론 피해자를 살리기 위한 것은 아니었다. 소녀들은 경찰차로 집에 데려다 달라고 요구했다.

서로 책임을 떠넘긴 두 소녀

이 소녀들이 왜 그 여성을 죽였는지는 도무지 알 수 없다. 원한 관계 같은 것은 당연히 없었다. 가해자인 소녀들은 사건 당시 열세 살과 열네 살이었다. 이들의 이름은 18세가 될 때까지 공개되지 않을 것이다. 구별하기 쉽게 이들을 나이에 따라 소녀 13, 소녀 14라고 하자. 둘 다 지역의 문제청소년 보호시설에 잘 알려져 있었지만 그렇다고 심각한 범죄를 저지른 것은 아니었다. 집과 가

족이 있음에도 불구하고 보호시설이나 위탁 가정을 전
전했다.

소녀 14의 가정환경은 '영국식 문제 가정의 표본'이
라 부를 수 있을 것이다. 다섯 명의 자매는 모두 아버지
가 달랐다. 그중 셋이 감옥에 있었는데 하나는 엄마를
칼로 찌르고 골프채로 때려서 잡혀간 것이었다. 엄마는
약물 및 알코올 중독이었다. 아이들에게도 술과 약을 주
었다. 사건을 저지른 당일, 소녀 14는 엄마를 만나러 갔
다가 "당장 꺼지고 나가서 죽어라"라는 폭언을 들었다.
소녀 13은 소녀 14보다는 가정환경이 나았지만 영리하
되 매우 불안정하고 폭력적인 성향을 갖고 있었다. 부모
는 외동인 아이를 어떻게 양육해야 하는지 몰랐고 쉽사
리 아이를 비난했다. 소녀 13은 가출을 거듭하고 부모와
충돌하다가 결국 위탁 가정에 맡겨졌다.

소녀 13은 자기는 폭행에 가담하지 않았고 그날 밤
의 일이 하나도 기억이 나지 않는다고 주장했다. 페이
스북에만 정신을 팔고 있었다는 것이었다. 실제로 소녀
13은 사건이 있었던 날 밤, 내내 휴대전화를 붙잡고 있
었다. 본인들의 셀피(셀카)를 찍어 소셜 미디어인 '스냅
챗'에 올리기도 했다. 얼굴에 멍이 든 채 웅크리고 있는
피해자가 소녀들 뒤 배경에 찍혀 있었다. 소녀 13은 불

러 탄 경찰차의 뒷좌석에서도 본인들의 셀피를 찍어 포
스팅을 했다.

소녀 13의 주장은 자기는 전화기를 들여다보고 있
었을 뿐이라는 것이었다. 그 사이에 소녀 14가 혼자서
집과 가구를 때려 부수는 소리를 들었다는 것이다. 그렇
지만 온갖 도구를 다 사용해서 사람을 폭행하고 있는 것
은 전혀 몰랐다고 했다. 소녀 13은 모든 책임을 소녀 14
에게 떠넘기려 했다.

그러나 폭행을 지휘한 것은 소녀 13이었다. 소녀
는 술을 마시고 담배를 피우고 다른 친구에게 전화를 하
면서 소녀 14에게 피해자의 머리를 발로 차라고 지시했
다. 왜 피해자에게 여전히 정신이 남아 있느냐고 불평하
기도 했다. 소녀 13과 전화를 하던 친구는 소녀 13이 (소
녀 14에게) "계속 해…… 그 여자를 죽여버려. 박살내버
려"라고 말하는 것을 들었다고 했다. 소녀 14는 피해자
의 머리와 얼굴을 '일곱 차례' 발로 찼는데, 소녀 13이 더
차라고 해서 배와 머리와 얼굴을 몇 번 더 찼다고 진술
했다.

둘 사이의 관계에서 지배를 하는 쪽은 나이가 어린
쪽이었다. 덩치가 크고 나이보다 성숙해 보이는 소녀 13
에 비하여 소녀 14는 체격이 가늘고 키가 작아서 마치

아이와 같은 인상이었다. 법정에서 '생년월일'을 물었을 때 소녀 14는 그 말을 이해하지 못했다. '네 생일이 언제냐'고 묻자, 언제인지 모른다고 했다. 지능지수는 매우 낮았다. 소녀 14는 머리를 총으로 쏘거나 심장을 칼로 찌르거나 암에 걸리지 않으면 사람은 죽지 않는다고 믿고 있었다. 폭행으로 점철된 환경 속에서 자라나면서 소녀 14는 폭행이 그렇게 심각한 일인지 알지 못했다. 주변에서 폭력은 무척 흔한 일이었고 아무리 맞아도 사람들이 쉽사리 죽지는 않았던 것이다. 소녀 14 스스로도 여러 가지 상해로 인해 A&E(Accident and Emergency, 응급처치센터)에 실려간 일이 스물네 차례나 있었다. 심지어 자기 엄마가 손가락을 부러뜨린 일도 있었고 자살을 시도한 적도 있고 자해도 했었다. 재판 중에도 수차례 자살을 기도했다. 자살을 다시 시도할 수 있다는 우려 때문에 소녀들의 신상을 밝힐 수 있게 해달라는 언론의 신청은 기각되었다.

SNS로 생중계된 살인 현장

반면 피해자의 신상은 가혹할 정도로 낱낱이 밝혀졌다. 영국에서는 가능하면 범죄의 피해자로 죽으면 안 되는

데, 죽은 자의 명예를 위해 사람들이 호기심을 참아주는 일 따위는 없기 때문이다. 더구나 지켜줄 명예 같은 것이 없다고 판단된 사람이 죽었다면 더 그렇다. 하지만 특별할 것이 없는 살인 사건의 피해자였을 뿐이라면 그 누구의 주의도 끌지 못할 가능성이 높다. 사실은 앤절라 라이트슨의 죽음 또한 그러했을 것이다. 누구도 그 죽음에 신경 쓰지 않았을 것이다. 만일 살인자가 어린 소녀들이 아니었다면 말이다. 어린 소녀들이 사람을 죽인 방식이 저토록 잔혹하지 않았다면, 아무런 이유 없이 여자 어른을 수 시간 동안 때려서 결국 죽이고, 그 와중에 셀피를 찍고, 소셜 미디어를 사용하면서 친구들과 수다를 떠는 행태가 기성세대를 깜짝 놀라게 하지 않았다면 그녀의 죽음은 그저 흔한 죽음 중 하나로 여겨졌을 뿐 그다지 관심을 끌지 못했을 것이라는 이야기다. 혼자 사는 추레한 알코올 중독자 여성. 낙오자, 희생자로 낙인찍힌 자의 예정된 죽음. 살아서는 물론이고 죽어서도 그 누구도 관심을 갖지 않았을 자의, 쉽사리 무시되었을 죽음.

앤절라 라이트슨은 서른아홉 살이었다. 162.5센티미터의 키에 몸무게 약 38킬로그램으로, 알코올 중독으로 인한 저체중이었다. 나이보다 훌쩍 늙어 보였다. 역시 문제가 있는 가정 출신이었고, 복지시설 및 위탁 가정을 전전하며 자랐다. 어려서부터 알코올과 약물과 폭력에 노출되었고 자해를 했다. 40여 차례가 넘게 투옥되었고 차라리 감옥에 들어가 있는 것이 바깥 세상에서 사는 것보다 더 편안할 정도가 되었다. 하지만 감옥은 거기 있기 싫다는 사람을 잡아 가두는 곳이지 있고 싶다는 사람을 살게 해주는 곳은 아닌 것이다.

마지막으로 출소한 후 앤절라는 새로운 인생을 시작하기 위하여 하틀풀로 이사했다. 남자친구를 사귀었고 세탁소에서 일을 얻었다. 짧고 불안정한 인생에서 가장 안정된 시기였지만 남자친구가 알코올과 관련한 병으로 죽자, 그녀는 그야말로 무너졌다.

무너진 보금자리에서 맞이한 최후

앤절라는 생활보조금으로 음식 대신 술을 샀으며, 사회복지사의 도움의 손길을 거절했다. 술에 취하면 싸움을 걸어댔고 폭력적이 되었으며 도저히 같이 있을 수 없는 사람이 되었다. 술에 취해 있지 않은 때는 별로 없었다. 그녀는 사람들과 같이 있고 싶어 했지만 어떻게 하면 같이 있을 수 있는지 방법을 잘 몰랐다. 집주인에게 집이 부서졌다고 거짓말을 해서 불러들이고는 실제로 집

을 부수겠다고 위협을 했다. 999에 거짓 전화를 걸기도
했다.

미성년자들에게 주류나 담배를 대신 사다 주는 심
부름을 했는데 그녀를 때려죽인 소녀들도 앤절라에게
술 심부름을 시키곤 했다. 현관문 잠금장치는 늘 풀려
있었고 아이들은 아무 때나 그녀의 집에 들어와서 술을
마시거나 마약을 했다. 술과 마약을 할 때 앤절라가 같
이 낀다는 것이 묵계였다. 아이들은 앤절라를 무시했고
집에서 나가라고 해도 듣지 않았다. 한때 동네 구제품
가게에서 사온 곰 인형이나 그림 액자들로 열심히 장식
했던 집은 쓰레기 더미가 되었다. 팔 수 있는 것은 다 팔
아서 술을 마셨다. 거실 이외의 다른 공간은 거의 사용
하지 않았다. 잠은 늘 소파에서 웅크리고 잤다. 끝내 그
소파에서 숨졌다. 시신이 발견되었을 당시 소파는 그녀
가 흘린 피로 흠뻑 젖어 있었다.

이 사건에 대한 사회적인 분노는 매우 컸다. 사건
기사의 끝에는 살해 위협에 가까운 댓글들이 달렸다. 법
원은 가해자인 소녀들이 공정한 재판을 받지 못할 것을
우려하여 재판을 연기하고 사건에 대한 보도를 제한했
다. 살인 사건이 발생한 지 2년 가까이 흐른 후 선고가
났다. 그날 종신형을 선고받았을 때 비명을 지른 것이

둘 중 누구인지는 알 수 없다. 종신형이라지만 최소 15년을 복역하면 가석방될 수 있으니 이르면 서른 살 남짓 되었을 때 감옥에서 나올 수 있다는 이야기가 된다. 앤절라가 목숨을 잃었을 때보다도 적은 나이다. 10대 중반에게 15년의 세월이란 마치 영원과도 같이 길게 느껴지겠지만 말이다. 그 비명은 그래서였을까. 누군가를 죽인 대가로 감옥에 있어야 하는 세월이 너무 길어서. 맞고 또 맞다가 죽은 여자에게는 하룻밤이 마치 영원처럼 길었을 터인데.

소녀들은 왜 앤절라를 죽였을까. 어떤 마음으로 계속 폭행을 하여 죽게까지 한 것일까. 사실 앤절라의 모습은 가해자인 소녀들의 주변에서 흔히 볼 수 있는 어른의 모습이다. 마땅히 돌보아주어야 할 어린 세대를 돌보아주지 못함은 물론 자기 스스로도 돌보지 못하는 어른의 모습. 그런 모습을 한 어른 중 가장 취약해 보이는 앤절라에게 그동안 모아둔 분노를 폭발시킨 것일까.

가난과 학대 속에서 범죄에 노출되는 아이들

앤절라와 소녀들이 살고 있던 도시 하틀풀은 알코올 관련 범죄율이 가장 높은 도시 중 하나로 꼽힌다. 사건이 벌어진 거리에 있는 상당수 집들에는 사람이 살지 않고, 거주민 중 4분의 1 이상이 경제활동을 하지 않는 인구로 분류된다. 동네 사람 상당수가 직업이 없는 동시에 구직 활동을 하지 않는다는 의미다. 남자와 여자 모두 술을 마시며 시간을 때운다. 심한 경우는 약을 하고 사소하거나 중대한 범죄를 저질러 감옥에 간다. 이들의 아이들이 그 부모나 주변 어른들과 다른 모습으로 살아갈 확률은, 즉 성실하게 학교를 다녀서 졸업장을 받고 기술자격증을 따서 멀쩡한 직업을 갖고 단란한 가정을 꾸리며 살아갈 확률은 극히 낮다. 이것이 가장 잘사는 선진국 중 하나의, 가장 못사는 도시 중 한 곳의, 가장 열악한 계층이 처한 현실 중 하나다. 탈출은 매우 어렵다. 지극히 안정되었다고 일컬어지는 복지사회의 한 단면인 것이다. 소녀들은 출옥하면서 남들이 알지 못하는 새 이름을 갖게될 것이다. 새로운 인생을 살아가기를 꿈꾸겠으나 그들의 인생이 앤절라의 그것과 많이 다를 가능성은 그다지 높지 않다. 이미 앤절라의 인생과 소녀들의 인생은 반복되는 멜로디의 약간만 다른 변주처럼 들린다. 소녀들도 이미 과다하게 술을 마시고 약을 사용하기 시작한 참이었다. 살인자들은 이미 피해자와 사뭇 닮아 보인다. 그들이 어른이 되어 돌아온다고 해도 그리 달라지진 않을 것이다. 그 모습은 그들이 속한 계층에서 나이 들어가는 모습의 한 전형이기도 하다. 벗어날 수 없는 매우 좋지 않은 루프(loop)가 거의 닫혀가고 있다.

탈출은 점점 어려워지고, 희망은 점점 사라지는 사회. 현실보다 온라인에서 훨씬 더 위안을 얻는 젊은 세대가 많은 사회. 소녀들은 어른이 되어 다시 이런 사회로 돌아오는 것이다. 그리고 어떤 형태의 죽음을 맞이하게 될까. 나는 잔인하게도 그것이 궁금하다.

메리에겐 뭔가 특별한 범죄가 있다

아이들이란 순진하고 연약한 존재다. 적어도 일반적으로는 그렇다고 여겨지는 듯하다. 게다가 외모가 인형처럼 어여쁜 여자아이라면 더 쉽사리 그런 기대가 생길 것이다. 그런데 그런 여자아이가 사람을, 그것도 아이를 두 명이나 죽였다고 한다면 어떤 느낌이 들까. 게다가 살인을 했다는 의심을 받으면서도 반성을 하기는커녕 평정심조차 잃지 않았다면 말이다. 아마도 기대는 경악과 배신감으로 바뀌고 더 강력한 미움 내지 응징하고 싶은 마음이 생기지 않을까.

1968년 5월 25일, 네 살의 마틴 브라운이 런던 북동부의 도시 뉴캐슬 근교의 폐가에서 시체로 발견되었다. 그날은 메리 플로라 벨의 열한 번째 생일 전날이었다. 작은 시신 옆에 빈 약병이 있었으므로 처음에는 아이가 굴러다니는 약병 속의 약을 잘못 먹고 사망했을 것이라고 추정되었다. 하지만 아이의 사인은 질식사로 밝혀졌다. 며칠 후 동네의 방치된 채로 비어 있는 고아원 건물에 누군가 침입해서 자기들이 마틴을 죽였다는 내용의 낙서를 남겼다. 경찰은 낙서가 장난이라고 생각했다.

마틴의 시체가 발견된 지 두 달 후, 세 살 난 브라이언 하우가 시체로 발견되었다. 이번에는 목이 졸린 흔적이 남아 있었다. 몸 여러 군데에 칼로 베인 상처도 있었다. 머리카락은 잘려 있었고, 성기 역시 절단되어 있었다. 배에는 어설프게 칼로 새긴 알파벳 M자가 남아 있었다. 경찰은 아이 목에 남은 흐린 손자국의 특징으로 보아 범인이 어린이에 가까운 청소년일 거라고 판단했다. 경찰은 곧바로 이 사건을 마틴의 죽음과 연관 지었다. 마틴의 경우 손자국이 남지 않은 것은 아마도 살인범의 힘이 충분히 세지 않기 때문일 터였다.

두 소녀가 저지른 두 건의 살인

경찰은 인근의 청소년 전부를 상대로 탐문 수사에 들어갔다. 메리와 그녀의 가장 가까운 친구인 열세 살의 노마 조이스 벨이 즉각 용의자로 의심받기 시작했다. 두 소녀는 성은 같았지만 친척은 아니었다. 둘의 진술은 서로 모순되었고 자꾸 바뀌었는데, 두 소녀는 브라이언의 목을 조른 것은 상대방이었다고 서로 주장했다.

노마의 반응은 전형적인 아이의 것이었다. 울고 긴장하고 말을 더듬었다. 겁을 먹은 듯이 보였고 매우 혼란스러워보였다. 노마는 자신이 그러지 말라고 애원했음에도 불구하고 메리가 소년의 목을 졸랐다고 증언했다. 그래서 자신은 자리를 떠났다는 것이었다. 다시 메리를 보았을 때 브라이언은 없었고, 메리가 혼자서 소년의 개를 데리고 있었다고 말했다.

반면 메리는 매우 차분하고 자신감이 넘쳐 보였다. 경찰이 신문을 하려 하자 이 열한 살 난 소녀는 변호사와 통화하게 해달라고 요구했다. 겁을 먹지도 않았고, 후회하는 기색이라고는 조금도 찾아볼 수 없었으며, 매우 반항적이었다. 살인으로 기소되었을 때 그녀는 "나는 상관없어요"라고 말했다. 메리의 아이답지 않은 태도는 어른들에게 전혀 좋은 인상을 주지 않았다고 할 수밖에 없다. 마틴의 엄마는 아들의 시신이 발견된 지 나흘 후 메리가 집에 찾아왔다고 했다. 아들이 죽었다고 말하는 마틴의 엄마에게 소녀는 이미 죽은 걸 알고 있다고, 아이가 관 속에 누워 있는 것을 보고 싶다고 말했다는 것이다. 한편, 노마의 아버지는 메리가 자기 딸의 목을 조르고 있는 것을 발견하고 따귀를 때려 쫓아낸 적이 있다고 진술했다. 대중은 그녀를 '사랑스러운 얼굴을 한 끔찍한 괴물'이라고 불렀다. 얼굴이 특히나 예쁘고 사랑스러웠던 만큼 그녀가 더욱더 사악하게 느껴졌던 것이다.

메리의 엄마는 성매매 여성이었고 열여섯 살에 메리를 낳았다. 메리의 어린 시절은 정신적·신체적·성적 학대로 점철되었다. 메리의 어린 엄마는 아기를 남에게 줘버리려 하기도 했고, 심지어는 죽여버리려고도 했지만 그러지는 못했다. 할 수 없이 딸을 키우게 된 메리의 엄마는 성매매를 할 때 딸을 성적으로 이용하기도 했다. 메리는 엄마에게서 욕설과 폭행을 당하고 엄마의 '손님' 들에게 추행을 당하면서 사소한 도둑질을 일삼고 다른 아이들을 못살게 구는 걷잡을 수 없는 소녀로 자랐다. 그래도 소녀는 마치 인형처럼 예쁘고 당돌하고 영리했다. 반면 노마는 좀 늦되고 둔하고 어리석은 쪽으로 보이는 아이였다. 비록 메리가 두 살 더 어렸지만 둘 사이 관계에서 지배적인 역할을 하는 것은 메리였다.

전형적인 사이코패스 증상을 보인 소녀

재판 과정을 지켜본 심리학자들은 메리가 영악하고 사

람을 교묘하게 조종할 줄 알며 위험하다고 판단했다. 전형적인 사이코패스의 증상을 보인다는 진단이었다. 배심원들은 메리의 책임 능력이 저하되어 있으므로 모살죄를 인정하기는 어렵다는 의견을 냈다. 판사는 메리가 오로지 사람을 죽이는 즐거움 때문에 아이들을 죽였다고, 따라서 이후로도 다른 아이들에게 중대한 위험이 될 수 있으므로 면밀한 감시를 받아야 한다고 판단했다. 1968년 12월, 열한 살의 메리는 미성년자로서는 매우 이례적으로 평생 동안 시설에 구금될 것을 선고받았다. 다만 이것은 다시는 자유의 몸이 될 수 없다는 것을 의미하지는 않았다. 선고가 내려졌을 때 메리는 주저앉아 울음을 터뜨렸다. 노마는 무죄 방면되었다.

메리의 수감생활은 순탄치 않았다. 소녀는 여전히 예뻤다. 소년범들 사이에서 유일한 여성 재소자였고, 종종 간수나 동료 재소자들로부터 성추행을 당했다. 1977년 스무 살이 된 메리는 개방형 교도소에서 도망쳐 나왔다. 감옥 근처에서 히치하이킹을 하려는 메리를 태워준 남자는 검은 머리의 젊은 여자가 그 유명한 메리 벨이라는 사실을 곧 깨달았다고 했다. 그는 메리를 데리고 클럽에 가 술을 사주고 같이 잠을 잤다. 클럽에 간 것도, 술을 마신 것도 메리에게는 처음이었다. 남자와 잠을 잔

것도 처음이었다. 남자는 메리에 대한 이야기를 즉시 타블로이드 신문에 팔았다. 남자는 메리가 위험하거나 폭력적이거나 이상하지 않았으며 그저 사랑스러운 젊은 여자였다고, 두 사람은 짧지만 매우 즐거운 시간을 보냈다고 했다.

탈옥한 지 사흘 후 다시 체포된 메리는 3년 후인 1980년 석방되었다. 갇힌 지 12년 만이었다. 23세가 된 메리는 새로운 신원을 제공받았다. 하지만 언론은 계속하여 그녀를 추적했다. 메리는 사회에 적응할 방법을 몰랐고, 다시 감옥으로 돌아가기 위하여 좀도둑질을 시도한 적도 있었다. 출소한 지 4년이 지나 그녀가 딸을 낳았을 때, 메리는 다시 새로운 신원을 제공받았다. 메리와 그녀의 딸의 신원은 딸이 18세가 될 때까지 비밀로 유지될 것이었다.

메리와 그녀의 딸은 1998년 메리의 범죄에 대한 책이 출판될 때까지 대중의 눈을 피하여 살아갈 수 있었다. 책 출판과 관련해 그녀가 인터뷰를 해주고 돈을 받았다는 사실이 알려지자 여론은 메리가 살인의 기억을 제공한 대가로 금전적 이익을 얻는 것에 대해 격하게 공분했다. 정작 피해자의 유족들은 아이들의 죽음과 관련해 받은 보상금을 자선 단체에 기부했던 것이다. 기자들이 모녀가 신원을 숨기고 살던 집 앞으로 몰려왔고, 모녀는 이를 피해 이불을 뒤집어쓰고 다른 곳으로 피해야 했다. 이때까지도 메리의 딸은 엄마의 과거를 몰랐다.

범인보다 보호받지 못한 피해자

메리는 자기들의 신원 보호 기간을 딸이 죽을 때까지로 연장해 줄 것을 법원에 청구했다. 2003년 법원은 마침내 이를 허용했다. 이후 메리는 조용하고 평범하게 살아온 듯하다. 결혼을 하고 이혼을 했고 딸이 아들을 낳아 할머니가 되었다. 손자 역시 신원이 공개되지 않도록 되어 있다. 판사의 우려에도 불구하고 출소한 이후 그녀는 사회에 특별한 위험을 끼치지는 않았다. 오랜 수감생활로 인한 교화의 덕인지 신원 보호의 덕인지는 모르겠다. 영국 역사상 가장 유명한 소녀 살인범 중 하나인, 한때 메리 벨이라는 이름을 가졌던 소녀에 대하여는 2019년 현재 62세라는 사실을 알 수 있을 뿐이다. 그 밖의 사실은 비밀에 붙여져 있다.

소위 '메리 벨 결정(Mary Bell Order)'은 재판 절차와 관련해 미성년자의 신원을 노출시킬 위험이 있는 정보의 공개를 금지하는 결정의 통칭으로 쓰이고 있다. 말하자면, 메리 벨 사건은 미성년자인 범죄자 본인뿐 아니라 관련 미성년자의 신원 보호와 관련하여 중요한 선례가 되었다고 할 수 있다.

다만 아쉬운 점은 범인인 그녀는 보호를 받았지만 피해자 측은 그만큼의 보호를 받지 못했다는 사실이다. 메리가 죽인 두 소년의 가족은 늘 언론과 대중에 노출되어 있었고, 심리치료 한 번 제대로 받지 못했다. 메리가 출소하고 새로운 신분을 부여받았을 때 한 소년의 어머니는 더 이상 메리가 세상에 없다고 생각하고 살아갈 수 있다고 말한 바 있다. 하지만 언론은 늘 다시 메리를 찾아냈고, 그때마다 피해자의 가족은 다시 소환되고 고통을 받을 수밖에 없었다.

2017년 3월, 인천에서 10대 소녀 두 명이 초등학생인 피해자를 유인하여 살해한 후 토막 내어 유기한 사건이 있었다. 소녀들은 서로 상대가 범행을 주도했다고 주장했다. 이 경우 범인들의 나이가 좀 더 많기는 하지만, 메리 벨과 노마 벨을 떠올릴 수밖에 없는 사건이었다. 인천 사건에서 범인들에게는 1심에서 각각 20년과 무기징역이, 2심에서 20년과 13년형이 선고되었다. 이런 흉악한 범죄를 저지른 소녀들이 교도소에서 선고된 형기를 다 살고 나온다고 하더라도 겨우 30대에 불과하다는 점을 지적하면서 그 형량이 짧다고 비난하는 목소리가 드높았던 것을 기억한다.

　이와 같이 격앙된 분위기에서는 출소 이후 범죄자의 신원 보호 내지 이후 인생을 운운할 여력이 있을 수 없다. 그러나 법이 정한 형을 다하고 나면, 말하자면 사회가 그 정도 범죄에는 이 정도 처벌을 받는다고 합의한 만큼의 처벌을 받고 나면, 범죄자는 사회로 복귀해야 하는 것이 원칙이다. 잘 복귀하여 사회의 성원으로 무리 없이 살아가도록 해주어야 한다. 더구나 범죄자가 미성년자인 경우 성인과는 다르게 취급되어야 한다. 처벌보다는 갱생 쪽에 좀 더 중점을 두어야 한다는 이야기다. 미성년자로서 장기간 수형생활을 한 경우 이들은 교정시설 바깥의 생활을 거의 모르는 채로 살다가 성인이 되어 사회에 던져지는 셈이기 때문이다.

　사실은 거기에 더해 피해자 측을 보호하기 위한 논의가 훨씬 더 심도 있게 이루어져야만 할 것이다. 범죄와 가해자의 처벌에 주목하느라 정작 피해자를 등한시하고 있는 것은 아닌가. 분노한 나머지 오히려 피해자 측을 잊고 있는 것은 아닌지 생각해보아야 할 것이다.

트와일라잇 살인자들

2016년 4월, 링컨셔의 작은 도시 스폴딩의 한 가정집 2층에서 두 구의 시신이 발견되었다. 49세 여성 엘리자베스 에드워즈와 그녀의 딸인 13세 케이티 에드워즈였다. 모녀는 각자의 방 침대에 누워 있던 상태에서 살해되었다. 범인은 14세 동갑내기 소년과 소녀였다. 이들은 살인을 저지르고 난 뒤에 범행을 은폐하거나 도망치려는 아무런 시도도 하지 않고 1층 거실에서 TV를 보고 있다가 체포되었다. 체포될 당시 이들이 보고 있었던 영화가 〈트와일라잇〉 시리즈였다고 해서 언론은 이들을 '트와일라잇 살인자들'이라고 불렀다. 범인들이 미성년자이기 때문에 이 사건을 보도하면서 이들의 이름을 밝히거나 이름을 추측할 수 있는 단서를 써서는 안 된다고 하는 법원의 명령이 있었던 것이다.

살인 방법은 매우 잔혹했다. 모녀는 둘 다 칼로 목

부분이 강하게 절개되었고 이어 여러 차례 칼로 찔렸는데, 결국 숨이 끊어진 것은 베개로 질식당해서였다. 피해자들이 죽기 전 겪은 고통은 매우 심했을 것이었다. 실제로 범행을 저지른 것은 소년이었다. 소년은 살인(모살)을 저질렀다는 점을 인정했다. 소녀는 매우 불안정한 상태에 있었기 때문에 살인을 저지르기에 적합한 책임 능력이 부족했다고 주장하면서 모살죄를 부인하고 고살죄만을 인정했다. 그러나 조사에 참가한 심리학자는 사건 당시 소녀에게 특별히 정신적인 문제가 없었으며 책임 감경을 인정할 만한 요소 역시 없다고 판정했다. 다만 소녀는 사건에 대하여 아무런 후회를 표하지 않았을 뿐더러, 감정의 동요도 없었다는 것이다. 소년 역시 살인에 관하여 별다른 감정을 표시하지 않았다.

법원이 공개한 살인범의 정체

소년과 소녀는 매우 오랫동안 이 살인에 관한 논의를 해왔던 것으로 보인다. 처음에는 가볍고 비현실적인 상상일 뿐이었지만 이야기가 거듭되면서 논의는 진지해졌다. 전문가들 사이에 이견이 있었지만 결국 사건에 있어서 지배적인 역할을 한 것은 소녀 쪽이었던 것으로 판

이웃에 사는 작은 악마

명되었다. 즉 소녀가 소년에게 살인을 지시한 것이었다. 배심원들은 이들 둘 다에게 살인죄를 인정했다.

이 사건에서 소녀의 역할이 구체적으로 어떤 것이었는지, 피해자들이 잠든 집에 이들이 어떻게 침입했는지, 무엇보다도 이들이 왜 엘리자베스와 케이티 모녀를 죽였는지에 대해서는 위와 같은 보도만으로는 알 방법이 없었다. 항소심 재판부는 결국 '트와일라잇 살인자들'의 본명과 얼굴에 대한 보도제한을 해제했다. 판사들은 피고인들이 겨우 열네 살이라는 점을 고려하더라도 이들에 대한 보도제한을 해제하는 것이 합목적적이며 피고인들의 권익과 보도의 자유 및 대중의 알 권리를 비교해 볼 때 합리적이라고 판단했다. 이들이 누구인지 밝히지 않고서는 사람들이 도무지 사건을 이해할 수 없다는 이유에서였다. 사실 사건을 이해하기 위해서는 한 가지 설명이 필요했다. 그것은 바로 살인범들 중 소녀가 엘리자베스의 친딸이자 케이티의 언니인 킴 에드워즈라는 점이었다. 소년은 킴의 남자친구인 루카스 마크햄이었다.

'두 사람의 죽음에 대하여 어떻게 생각하느냐'는 경찰의 질문에 킴은 "괜찮았다(I was just OK with it)"고 말했다. '왜 어머니와 동생을 죽였냐'는 질문에는 어머니가 동생을 늘 편애했기 때문이라고 주장했다. 물론 어머니는 그렇지 않다고 했지만 그것은 거짓말에 불과하며, 자기는 가족에 소속되어 있다고 느끼지 못했다는 것이다. 동생은 늘 어머니의 애정을 독차지했고 자기와 어머니 간 의견 충돌이 있을 때마다 늘 어머니 편을 들었다는 것이다. 그러니 자기 엄마는 죽어 마땅했고, 엄마가 죽어서 기쁘다는 것이었다. 동생이 죽은 것은 좀 안되었기는 하지만 결국 좋은 일을 해준 것이라고 말했다.

실제로 킴과 엄마 엘리자베스의 사이는 원만하지 않았던 것으로 보인다. 킴이 여덟 살 때, 엘리자베스는 자신이 딸을 때렸다며 아동복지 당국에 스스로를 신고했고, 킴과 동생 케이티는 어머니와 떨어져서 위탁 가정에 약 4개월간 맡겨졌다. 이들은 다시 어머니 곁으로 돌아갔지만 모녀의 사이는 늘 좋지 못했다. 엘리자베스는 큰 딸이 아버지, 즉 자신의 남편 같다고 비난하기도 했다. 자매의 아버지는 약물중독자였고 딸들이 어렸을 때 가족을 떠났다. 엘리자베스는 근처의 학교 식당에서 급식 담당자로 일하면서 딸들을 부양했다.

시한폭탄 같았던 10대 연인

킴이 동갑의 루카스와 사귀기 시작했을 때 모녀의 충돌과 긴장은 더욱 심해졌다. 킴과 루카스는 같은 학교 학생이었다. 킴이 루카스에 처음 관심을 가진 것은 그가 수업 시간에 책상을 집어 던지는 모습을 보았을 때였다. 루카스는 학교에서 늘 싸움에 휘말리는 소년이었다. 둘은 2년 정도 알고 지내다가 사귀기 시작했다. 살인을 저지르기 1년쯤 전의 일이었다. 둘은 금세 뗄 수 없는 사이로 발전했다. 주위 사람들은 두 사람이 마치 시한폭탄 같았다고 말했다. 언젠가 폭발할 것이 예정되어 있던 두 명의 청소년이 연애를 시작한 것이다. 킴의 엄마인 엘리자베스는 둘이 사귀는 것을 싫어했다. 그러나 킴으로서는 루카스와 사귐으로써 평생 처음으로 사랑받는다는 확신을 주는 관계를 갖게 된 것이었다. 두 사람은 가출하여 숲속에서 캠핑을 하며 며칠을 보내다 수색에 나선 경찰에 의하여 다시 집으로 돌아오기도 했다.

킴의 엄마와 여동생을 루카스는 '여자친구를 화나게 하는 존재'로 여겼다. 킴 역시 여기에 동의했다. 킴은 심지어 자살을 시도해 이틀간 병원에 입원하기도 했다. 루카스가 "두 사람을 죽여줄까?" 하고 물었을 때 킴은 이 말이 농담이라고 생각했지만 루카스는 진심으로 한 말이었다. 루카스의 제안이 진심이라는 것을 알게 되자 킴 역시 이를 진지하게 고민하기 시작했다. 이들은 계속해서 살인에 대해 이야기를 나누고 구체적인 계획을 세웠다. 엄마와 동생을 죽여버리는 것에 관한 이야기를 너무나 장기간 해온 나머지, 오랫동안 살인을 저지르고 있는 느낌이었다고 킴은 말했다. 루카스는 다른 친구들에게 살인 계획을 말하기도 했으나 이를 들은 아이들 누구도 그 말이 진담일 것이라고는 생각하지 못했다.

이들은 경찰 조사에서 매우 담담하고 생생하게 사건을 설명했다. 이들의 진술에 따르면 사건은 다음과 같이 진행되었다. 2016년 4월 11일, 루카스는 부엌칼과 갈아입을 옷이 들어 있는 배낭을 메고 킴의 집 욕실 창문을 세 번 두드렸다. 킴이 창문을 열어주면 들어가 둘이 함께 엘리자베스와 케이티를 죽인다는 계획이었다. 그러나 깊이 잠들어버린 킴은 창문 두드리는 소리를 듣지 못했다. 그다음 날도 루카스는 창문을 세 번 두드렸지만 킴이 역시 자는 바람에 실패했다. 4월 13일이 세 번째 시도였다. 이번에는 킴이 깨어나서 창문을 열어주었다. 창문을 통해 집으로 들어온 루카스는 '정말로 할 생각이냐'고 물었다. 킴은 그렇다고 대답했지만 차마 직접 살해 행위를 할 수는 없었다. 그래서 이들을 죽이는 직접적인 행동은 루카스가 하기로 했다. 루카스가 엘리자베스의 방으로 움직이기 시작했을 때 킴은 소리가 난다며 신발을 벗으라고 했다.

무심코 잡았다 뿌리친 손

엘리자베스는 자고 있었다. 루카스는 우선 엘리자베스의 목을 두 번 칼로 그었다. 소리를 지르지 못하게 하기 위함이었다. 기도가 거의 잘려나가면서 사방에 피가 튀었으나 그것만으로는 쉽게 죽지 않았다. 잠에서 깨어난 엘리자베스는 손으로 얼굴 부분을 가렸고, 루카스는 그 손을 다섯 차례나 칼로 찔렀다. 그리고 엘리자베스의 얼굴에 베개를 얹고 체중을 실어 눌렀다. 루카스는 엘리자베스가 휘젓는 손에 어깨와 등을 쥐어 뜯겼다.

이때 킴이 방 안으로 들어왔다. 침대 쪽으로 다가온 킴은 내젓던 엘리자베스의 손을 무심코 잡았다. 킴은 그것이 자기 엄마의 손이라는 것을 깨닫고 그 손을 뿌리치고는 깊이 호흡을 하면서 스스로를 진정시켰다고 말했다. 곧 끝날 것이라고 되뇌이면서 말이다.

엘리자베스의 숨이 끊어지기까지 10분 정도가 걸

렸다. 팔다리가 늘어졌지만 가래가 끓는 듯한 소리가 나서, 킴은 루카스에게 자기 엄마가 죽었느냐고 물었다. 루카스가 맥박을 짚어보고 엘리자베스가 죽었다는 것을 확인했다. 그리고 킴이 동생과 같이 쓰는 옆 침실로 가서 케이티를 죽였다. 역시 먼저 몇 번 칼로 찔렀지만 방이 어두워 정확히 목을 찔렀는지는 알 수가 없었다. 그래서 베개로 얼굴을 덮어 질식시켰다. 그동안 킴은 욕실에서 기다렸다. 케이티가 죽어가면서 숨을 쉴 수가 없다고 말하는 소리가 들렸다. 두 사람은 케이티의 시체를 침대 시트로 덮었다. 킴이 피 냄새를 싫어했기 때문이었다. 왜 굳이 케이티를 죽였느냐는 질문에 루카스는 만일 죽이지 않았다면 케이티가 경찰을 부를 거였기 때문이라고 대답했다.

두 사람은 피를 씻어내기 위해 같이 목욕을 하고, 아래층으로 내려와 섹스를 한 후 아이스크림을 먹고 〈트와일라잇〉세 편을 연달아 보았다. 이들은 다음 날 오후 2시에 자살을 할 생각이었던 것으로 보인다. 킴은 자기들 둘을 화장해 달라는 내용의 유서를 적었다. 하지만 두 사람은 죽기로 정한 시간에 마음을 바꿔 네 번째 〈트와일라잇〉영화를 보았다.

이들이 학교에 나타나지 않았으므로 실종 신고가

접수되었다. 아래층 창문을 깨고 집으로 들어온 경찰은 거실의 TV 앞으로 끌어다 놓은 매트리스 위에서 이불을 덮고 있는 킴과 루카스를 발견했다. 위층에 두 사람의 시체를 둔 채로 이들은 36시간을 보냈던 것이다. 어머니는 어디 있느냐고 경찰이 묻자 킴은 2층에 있다고 대답했다. 2층에서 무엇을 하고 있느냐고 다시 묻자 이번에는 루카스가 '직접 올라가서 보지 그러느냐'고 대꾸했다.

청소년 전과자를 둘러싼 뜨거운 쟁점

이들이 보여준 감정의 결여 및 살인 방식의 잔혹성은 영국 사회를 충격에 빠뜨리기에 충분했다. 엘리자베스가 사귀던 파트너는 죽은 연인의 딸인 킴을 유명한 여성 연쇄살인범인 마이라 힌들리에게 비유하면서, 킴이 절대로 다시 사회로 돌아와서는 안 된다고 주장하기도 했다.

2016년 11월, 킴과 루카스는 종신형을 선고받았다. 이들은 영국 범죄사상 동시에 두 명 이상을 죽인 살인범으로서 최연소를 기록했다. 애초 두 사람이 선고받은 최소 형기는 각각 20년이었으나 2017년 6월의 항소심에서 17년 반으로 줄었다. 최소 형기를 마치고 석방될 경우 이들은 30대 초반의 나이로 사회로 복귀하게 되는 것이다.

　일부 청소년 전문가는 이들이 아무런 사고 없이 최소 형기를 마치기란 어려울 것이라고 말하기도 한다. 이들의 성향에 비추어 볼 때 구금 중 말썽을 일으키지 않기란 쉽지 않을 것이기 때문이다. 또한 이와 같은 범행을 저지른 청소년들이 사회로 복귀한다고 하더라도 정상적인 삶을 살아가기가 거의 불가능할 것이라는 의견도 있다. 저지른 범죄의 심각성으로 보아 다른 사람들도, 그들 스스로도 범행의 기억을 잊거나 거기서 자유롭지 못할 것이다. 더구나 이들은 심각한 감정이입 결여를 겪고 있는 것으로 보인다. 타인과 감정을 공유하거나 타인을 이해하지 못하면서 익숙하지 못한 세상에서 어울려 살아가기란 지극히 어려운 일 아니겠는가.

　반면, 형기를 마치고 출소한 후 아무런 추가 범죄를 일으키지 않고 익명을 고수하며 살아간 메리 벨을 예로 들며, 이들이 성인이 되면 범행을 저지를 때와는 아주 다른 새로운 인물이 될 수도 있다는 견해를 밝히는 이들도 있다(4장 '메리에겐 뭔가 특별한 범죄가 있다'). 청소년의 뇌란 성인과 매우 다르며, 25세 정도가 되었을 때 사람들은 청소년 시기와는 아주 다른 성격을 갖게 된다는 것이다. 따라서 이들이 교정 시설에서 어떤 사람을

만나 어떤 관계를 형성하게 되느냐에 따라 갱생 여부가
결정된다는 견해다.

어떤 견해를 더 믿든, 강력범죄를 저지른 청소년이
형기를 마쳤을 때 이들을 사회로 나오지 못하게 할 방법
은 현실적으로 없다. 10대 중후반에 선고를 받았다면 이
들은 청장년의 전과자가 되어 사회로 복귀한다. 이들의
범죄를 수사하고 재판하고 수용시설에 가두어두는 것
외에, '이들이 어떤 식으로 사회에 다시 적응하도록 만
들 것인가' 역시 진지하게 고민해야만 하는 문제가 아닐
수 없다.

재판을 받기 위해 법정에 처음 출석하기 시작했을
때, 두 사람은 매우 사랑하는 사이처럼 보였다. 그러나
두어 달이 지나 선고가 내려질 즈음이 되었을 때는 두
사람 간의 분위기가 사뭇 달라졌다. 더 이상은 비밀스러
운 눈짓을 교환하지도, 서로를 보고 웃지도 않았고, 서
로 무시했다. 그리고 며칠 후 이들이 결별했다는 소식이
들려왔다. 이유는 밝혀지지 않았다. 누군가를 너무나 사
랑하는 나머지 살인까지 불사하는 것, 그리고 그럴 정
도로 뜨거웠던 관계가 어떤 특별한 사건도 없이 식어버
리는 것, 이 역시 청소년들에게서나 가능한 일들 아닌가
싶기도 하다. 그러니, 성인의 관점으로만 청소년의 범죄

를 파악하려 할 수는 없지 않겠는가. 처벌 역시 마찬가지다. 청소년의 처벌은 성인과는 다른 고려들을 더 해야만 한다. 그저 엄벌에만 처하자고 주장하는 것이 능사는 아니라는 이야기다.

이웃에 사는 작은 악마

50년 동안 돌아오지 못한 황무지의 시신

살인을 저지르는 것과 살인 후 시체를 숨기는 것 중 무엇이 더 실무적으로 어려운가 생각해보면, 단연 시체를 숨기는 쪽이다. 사람의 시체란 부피가 작지 않은 데다 뼈와 머리카락처럼 흔적 없이 처리하기 어려운 부분이 포함되어 있다. 한국처럼 주된 주거 형태가 공동 주택이고 사람의 눈길이 닿지 않는 곳이 거의 없다시피 한 곳이라면 시체를 숨기기는 더욱 어렵다. 만일 영국의 경우라면 자기 집 안의 창고 바닥을 파고 묻는 것을 제외하고는(대개 뒷마당이 있기는 하지만 뒷마당을 파는 등으로 법석을 떨고 있노라면 이웃집에서 넘겨다보고 있을 가능성이 매우 높다), 무어(moor)야말로 최적의 살인 및 시체 유기 장소일 듯하다. 무어라는 영어 단어는 이베리아 반도와 북아프리카에 살았던 무슬림을 가리키는 말이지만 지형을 일컬을 때는 황무지란 뜻이다.

코난 도일도 인정한 황량한 살인 장소

무어는 짤막한 풀이나 이끼로 덮여 있는 매우 눅눅한 땅
이다. 그럴듯한 나무는 쉽게 찾아보기 어렵고 고작 있는
것이라곤 약간의 낮은 잡목들이다. 언덕 지형이지만 가
파르지 않아서 멀리 또 다른 황무지가 건네다 보인다.
봄이나 여름철에는 그나마 꽃도 피고 푸른 기운이 있다.
그러나 늦가을이나 겨울에 무어를 지나가다 보면 그 황
량함에 질려버릴 수도 있다. 사람의 흔적이라고는 거의
찾기가 힘들고, 사방을 둘러보아도 보이는 것은 도무지
신선해 보이지 않는 불그죽죽하거나 누르스름한 벌판과
가끔 보이는 바윗덩어리뿐이다. 지나다가 소나 양들이
누워 있는 걸 보면 안도가 될 지경이다. 저들이 있다면
사람의 왕래가 있는 모양이구나 싶은 마음이 들기 때문
이다.

무어에서는 어디가 어디인지 도통 동서남북을 구분
하기가 어렵다. 인터넷은 고사하고 무선전화도 잡히지
않는 지역이 많기 때문에 나처럼 방향감각이라고는 없
는 사람이 폭풍우라도 치는 날 길에서 벗어나 방향을 잃
으면 그냥 끝장이겠구나 싶은 공포감이 든다. 가끔은 땅
이 푹 꺼져 깊은 구덩이가 파여 있거나 그런 곳에 물이

고여 작은 못처럼 되어 있는 곳도 있다. 그 깊이가 얼마나 되는지는 알 수가 없다. 그러니 시신이라도 찾아 죽은 자에게는 비극적인 안식을, 산 자에게는 슬픈 평안을 가져오고자 하는 남은 사람들에게는 무어야말로 최악의 장소가 아니겠는가. 죽은 것이 틀림없는 아이의 시신을 50여 년간 찾아 헤매는 키스 베넷의 가족에게처럼 말이다. 이들은 슬픔을 정리할 계기를 갖지 못했던 것이니, 잃은 아이를 영영 떠나 보내지 못하는 것이다.

무어는 영국에만 있는 특수한 지형은 아니다. 전 세계 무어의 20퍼센트 정도가 영국에 있다고 하는데 유명한 무어가 20여 곳 정도 된다. 코난 도일의 소설 『바스커빌의 개(The Hound of the Baskervilles)』에 등장하는 것은 남서쪽 데번의 다트 무어다. 사람들이 가끔 실종되고는 했다는 묘사가 등장한다. 그리고 브래디와 힌들리 커플이 살인 행각을 벌이고 키스 베넷을 비롯한 아이들의 시체를 파묻은 것은 북쪽 그레이트 맨체스터 지역의 새들워스 무어다.

이언 브래디와 마이라 힌들리는 1963년에서 1965년 사이에 키스 베넷을 포함해 10세에서 17세까지 희생자 다섯 명을 죽였다. 그중 넷은 죽이기 전에 성폭행했다. 셋을 무어에서 죽였으며 넷은 무어에 파묻었고, 마지막 한 명을 무어에 묻으려던 전날 체포되었다.

불우하게 자란 두 남녀의 파트너십

브래디와 힌들리의 성장 환경은 '불우하고 폭력적인 환경이란 무엇인가'에 관한 교과서적 예시와도 같다. 브래디는 친모에게서 버림받고 양부모 밑에서 자랐다. 양부모의 환경도 그리 좋지는 않았다. 글래스고의 빈민가에서 자랐으나 영리하기는 했던 모양인지 평균 이상의 아동들을 가르치는 학교에서 교육을 받았다. 하지만 지속적으로 사소한 범죄에 휘말리자 글래스고 청소년 법원은 그를 다시 친모와 친모의 새 남편에게 돌려보냈는데, 브래디라는 성은 이 계부를 따른 것이다. 그는 지속적으로 독서를 했지만, 그가 탐닉한 주제는 나치 독일 및 사디즘이나 변태 성욕에 관한 것이었다.

어쨌거나 브래디의 상대적인 박식함과 독서량은 힌들리에게 큰 인상을 주었다. 힌들리 역시 하층 계급 출신이었다. 제2차 세계대전 당시 낙하산병으로 복무했던 아버지는 그 스스로 가족에게 폭력적인 한편 딸에게 폭력을 사용하도록 가르치기도 했다. 열여덟 살이 된 힌들리는 작은 회사에 취직해 당시 23세였던 브래디를 만났고, 그에게 심하게 빠져들었다.

이들은 사귀면서 서로 통제와 폭행과 살인에 대한 기호를 키웠던 것으로 보인다. 두 사람은 점차 완벽한 살인을 저지르는 방법을 연구했다. 실제로 마지막 범행의 목격자가 경찰에 신고하기까지 이들이 저지른 범행은 거의 완벽했다고 할 수 있다. 경찰은 잇따른 미성년자들의 실종 사건에 대해 아무런 단서조차 잡지 못했다.

1963년 7월, 이들은 처음으로 살인을 시작했다. 이들의 범행 방식은 거의 유사했다. 주로 브래디가 희생자를 고르고, 경계심을 풀어주기 위해 여성인 힌들리가 접근을 한다. 적당한 핑계를 대거나 부탁을 해서 목표물을 차에 태운다. 그리고 납치해서 성폭행하고, 목을 조르거나 칼로 베어 죽이고, 시체를 무어에 파묻는 것이다.

첫 번째 희생자는 16세의 소녀 폴린이었다. 힌들리 여동생의 친구였다. 힌들리는 폴린에게 무어에서 잃어버린 장갑을 찾는 것을 도와달라고 부탁했다. 소녀는 성폭행을 당하고 목이 잘려 죽었다. 그다음은 열두 살이던 존이었다. 힌들리는 폴린 때와 같은 핑계를 대며 소년을 무어로 데리고 갔다. 둘이 무어에 도착했을 때 브래디가 오토바이를 타고 나타났다. 소년은 성폭행을 당하고 목이 졸려 죽었다. 세 번째 희생자가 키스 베넷이었고 역시 열두 살이었다. 소년은 할머니 집으로 걸어가던 중이었다. 브래디는 힌들리에게 소년을 성폭행한 후 목을 졸라 죽였다고 말했다. 그다음이 열 살의 레슬리였다. 이들은 크리스마스 다음 날 놀이동산에서 소녀를 납치해서 자기들의 집으로 데리고 갔는데, 앞서의 희생자들과 마찬가지로 강간하고 죽이기 전에 묶고 재갈을 물린 후 강제로 옷을 벗겨 사진을 찍었다. 시체는 역시 새들워스 무어로 운반하여 묻었다. 이들은 소녀가 비명을 지르며 옷을 벗기지 말라고, 살려달라고, 엄마를 보고 싶다고 애원하는 목소리를 녹음했다. 후일 소녀의 엄마는 그 16분짜리 테이프를 듣고 그것이 자기 딸의 목소리라는 것을 확인해야 했다.

마침내 발각된 연쇄살인 행각

1965년 10월 6일, 브래디와 힌들리는 17세 에드워드 에반스를 집으로 유인해 왔다. 현장에는 힌들리의 여동생 남편인 데이비드 스미스가 같이 있었다. 스미스 역시 겨우 17세였다. 브래디와 힌들리는 스미스가 자기들 일당이 되어 범행에 가담하기를 바랐다. 스미스는 눈앞에서 희생자인 동갑내기 소년이 도끼로 열네 차례나 얻어맞은 끝에 결국 목이 졸려 죽는 것을 보아야만 했다. 스미스는 다음 날 다시 와서 무어로 시체를 운반하여 처리하는 것을 돕기로 약속하고 집으로 돌아갔다. 그가 아내에게 목격한 것을 이야기하자, 어린 아내는 언니와 형부에 대한 공포에 질려 경찰에 알려야 한다고 주장했다. 두 사람은 집 앞에 브래디가 지키고 있을까 두려운 나머지 칼과 스크루 드라이버로 무장하고 나서야 경찰에 전화를 걸러 나갔다.

다음 날, 브래디와 힌들리는 살인 혐의로 체포되었다. 경찰은 집안을 수색하다가 힌들리가 기도서 뒷면에 숨겨놓은 물품보관증을 찾아냈다. 이들은 레슬리를 고문하면서 찍은 사진과 테이프를 트렁크에 넣어 맨체스터 중앙역 물품 보관소에 보관했던 것이다. 1963년 11월에 실종된 존의 소지품이 그들의 집에서 발견되자 경찰은 이들을 연이은 미성년자 살인 사건의 용의자로 보기 시작했다.

두 사람이 찍은 수많은 무어 사진들을 단서로 경찰은 사진 속 해당 지역을 수색하기 시작했다. 1965년 10월 15일, 레슬리의 시신이 발견되었다. 무덤을 깊이 파서 묻는 수고를 하지 않아서, 시신의 가느다란 팔이 튀어나와 있었다. 닷새 후 그리 멀지 않은 곳에서 존의 시신이 발견되었다.

　나머지 두 건의 살인에 관하여 구체적으로 밝혀진
것은 이들이 세 건의 살인과 관련하여 종신형을 선고받
은 지 20년이 되었을 때였다. 1985년 브래디는 기자에게
자기가 두 건의 살인을 더 저질렀다고 털어놓았다. 그러
나 경찰이 그를 신문하자 브래디는 자기가 그런 말을 했
다는 것을 부인했다. 경찰은 폴린과 키스의 시신에 대한
수색을 재개했다.

　1986년 12월 경찰은 힌들리를 헬리콥터에 태워 무
어로 데리고 갔다. 시체를 묻은 장소를 찾는 데 도움을
받기 위해서였다. 하지만 무어를 통과하는 모든 길을 막
고 수백 명의 경찰이 동원된 대대적인 수색이었음에도
아이들의 시체를 찾는 데는 실패했다.

　그다음 해인 1987년, 힌들리가 앞서 재판받은 세 건
에 더하여 총 다섯 건의 살인에 대한 정식 자백을 했다.
다만 본인은 아이들의 납치에만 가담했을 뿐 성폭행이
나 살인을 직접 저지르지 않았고 심지어는 그 현장에 있
지도 않았다는 것이 힌들리의 주장이었다. 경찰은 힌들
리를 다시 무어로 데리고 갔다. 이번에는 한층 더 경비
가 삼엄해졌다. 무어에서 하루 묵으면서 힌들리는 기억
을 더듬어 시체가 묻혀 있을 듯한 장소를 몇 군데 지적

해주었다.

1987년 7월, 경찰은 3개월에 걸친 수색 끝에 마침내 폴린의 시체를 찾아냈다. 브래디와 힌들리가 죽인 첫 번째 희생자였다. 소녀의 유해는 실종된 지 24년 만에 가족에게 돌아갔다. 소녀의 어머니는 정신병원에 입원해 있다가 겨우 딸의 장례식에 참석했다. 폴린의 시신이 발견되었다는 소식을 들은 브래디는 정식으로 자백을 했고, 마지막으로 남은 키스 베넷의 시신 수색에 협조할 것을 약속했다. 경찰은 브래디를 무어로 데리고 갔다. 하지만 그는 시신을 묻은 장소를 찾아내지 못했다. 수색을 구경하기 위한 인파가 몰려들자 경찰은 브래디를 현장에서 철수하도록 했다. 경찰은 그해 말 브래디를 한 번 더 무어로 데리고 갔으나 역시 수색은 실패로 돌아갔다. 경찰은 소년의 시체를 찾기 위한 작전을 재개하기도 하였지만, 2009년 아무런 성과 없이 이를 종료해야만 했다. 더 이상은 수색을 계속할 새로운 단서가 없었다.

유족들을 겨분케 한 살인범의 유언

힌들리는 성폭행이나 살인과 무관함을 주장하면서 거듭하여 가석방을 신청했지만 이는 받아들여지지 않았다.

2002년 60세로 감옥에서 병으로 사망했다. 한편 브래디가 대체 왜 키스의 시신이 어디 있는지를 밝히지 않은 것인지에 대하여는 의견이 분분하다. 끝까지 시신의 소재를 자기만 알고 있음으로써 사람들에 대한 권력을 행사하려 했다는 의견도 있다. 키스의 어머니는 브래디와 힌들리에게 여러 차례 아들의 시신을 어디 묻었는지 가르쳐줄 것을 부탁하는 애절한 편지를 보냈는데, 가학적인 성향의 브래디로서는 그와 같은 탄원과 고통을 즐긴 것이라고 보기도 한다. 또는 그는 그저 넓은 무어의 어디에 소년을 묻었는지 스스로도 알 수가 없던 것일 수도 있다. 무어의 지형은 매년 조금씩 바뀐다.

브래디는 2016년 5월에 사망했다. 시체를 화장하되, 화장하는 동안 베를리오즈의 〈환상 교향곡〉 제5악장(마녀들이 사형당한 예술가의 장례식에서 잔치를 벌이는 내용이다)을 배경 음악으로 틀어줄 것과 화장하고 난 재는 새들워스 무어나 자기가 태어난 곳인 글래스고에 뿌려달라는 유언을 남긴 채였다. 그의 유언은 당연히 희생자 유족들을 분노하게 했고, 법원은 시신이 화장되는 동안 어떤 음악도 틀어서는 안 되는 것은 물론 의식이 있어서도 안 된다는 명령을 내렸다. 나아가 법원은 그의 유해를 비공개로 바다에 뿌리라고 명령했다. 끝까지 반성이나 후회를 하지 않은 연쇄살인범에 대한 사회의 마지막 복수라고 할 수 있으려나. 그는 무어를 매우 사랑했다고 하니 말이다.

아이들의 사망은 남은 가족들에게 극심한 여러 가지 고통을 주었다. 가족들은 범인들의 가석방을 반대하는 운동을 벌이기도 했고, 병이 들거나 이혼하기도 했다. 시신조차 찾지 못한 키스 베넷의 가족에게 고통은 여전히 현재 진행 중이라고 할 수밖에 없을 것이다. 키스의 어머니는 언젠가는 아들의 시신을 찾아서 장례식을 치러주리라는 소망을 단 한 순간도 포기하지 않았으나 끝내 소원을 이루지 못하고 2012년 암으로 사망했다. 어머니는 아들의 안경과 같이 묻혔다. 향년 78세였다. 시신의 수색은 남은 가족들에 의하여 여전히 계속되고 있다.

5장
아픈 사회, 병든 사람들

내가 가져보지 못한 어머니에게

영국의 크리스마스는 가족과 함께 보내는 날이다. 한국으로 치면 설과 추석을 합한 분위기라고 할 수 있을 듯하다. 다른 때는 굳이 가족을 찾지 않는 사람도 크리스마스에는 '집'으로 돌아간다. 집에 돌아갈 때 들고 갈 선물을 장만하기 위해 '크리스마스 쇼핑'을 한다. 크리스마스 직전에는 다들 매우 흥청거리고 들떠 있다. 서로의 사생활에 대하여 잘 묻지 않는 영국 사람들도 크리스마스가 다가오면 "크리스마스를 보내러 집에 가느냐?"고 물어본다. 돌아가는 '집'은 부모가 살고 있는 집이다. 그래서 크리스마스 즈음에 영국에 있다 보면 쓸쓸해진다.

크리스마스에 사람들이 기대하는 것은 영화에서 보는 것 같은 풍경이다. 아이들은 선물 상자가 쌓인 크리스마스트리 주위에서 뛰놀고 사슴이니 눈송이 같은 크리스마스 문양이 들어간 스웨터(이를 '크리스마스 점퍼'

라고 한다)를 입은 가족들이 술잔을 들고 화기애애하게 대화를 나누며 민스 파이나 칠면조 구이 같은 크리스마스 음식을 먹는 바로 그 풍경 말이다.

물론 현실은 이렇게 아름답지만은 않아서, 잘 만나지 않던 사람들이 한 공간에서 마주치다 보면 서로 긴장이 고조되게 마련이다. 특히나 음식을 준비하면서 홀짝거리고 마시는 식전주에 취하기라도 하는 경우 그간 서운했던 일이며, 현재의 어려운 사정이며, 앞으로 상대방에게 바라는 일 따위의 가족에 얽힌 모든 사연들이 몽땅 다 튀어나와 목청 높여 싸우는 일이 벌어지기도 한다. 때로는 짐을 싸서 훌쩍 떠나버리기도 하고 때로는 극적으로 화해하고 그렇다 하니, 이 역시 한국과 대동소이한 명절 스트레스라고 하겠다. 말하자면 영국의 크리스마스 휴일이란 설레는 마음으로 집에 돌아가 첫날은 기쁘고, 둘째 날은 부글부글 끓고, 사흘까지 있으면 싸우는, 그리고 돌아와 다시 1년을 그리워하며 기다리는 기간이다. '가족'이 있는 한 그렇다.

이 기간에 가족 없이 보내야 하는 사람들은 평상시보다 그 쓸쓸함의 정도가 훨씬 깊다. 가족이 멀리 있어서 못 만나는 것이 아니라 아예 없는 사람들, 아니면 있다고 하더라도 없는 것이나 마찬가지인 사람들이라면 특히 그러할 것이다. 더구나 크리스마스이브 저녁부터는 거의 모든 가게와 식당들이 문을 닫는다. 다들 돌아갈 집이 있고 가족과 지내는 와중에 아무도 없이 혼자지내야만 한다는 적막한 쓸쓸함에다 하물며 나가서 식사를 할 곳조차 없으니 말이다. 그러니 크리스마스 때 갈 곳 없는 사람들을 집에 초대하여 크리스마스 음식을대접한다는 것은 각별히 마음을 써주는 일이다.

선의로 시작된 만남이 비극으로

2015년 크리스마스 저녁, 윌킨슨 가족은 에런 베일리를 크리스마스 저녁식사에 초대했다. 윌킨슨 가족이 베일리와 처음 인연을 맺게 된 것은 2015년 3월이었다. 40대 후반의 트레이시 윌킨슨은 유복한 사업가의 아내로 알코올 중독자들을 위해 자원봉사자로 일하고 있었다. 그녀 스스로 알코올 중독을 가까스로 이겨낸 경험이 있기도 했다. 트레이시는 슈퍼마켓 앞에서 종이 상자를 깔고 누워 있던 베일리를 보고 다가가 말을 걸었다. 나중에 트레이시의 남편인 피터 윌킨슨은 트레이시가 애초에 베일리를 만나지 않았더라면 하고 바란다고 말했다. 그 만남은 선의로 가득 찬 것이었지만 더할 수 없는 비극으로 막을 내렸다.

22세의 베일리는 약물 중독자였고, 헤어진 여자친구를 흉기로 공격하여 이미 3년간 구금된 일이 있었다. 어려서 부모를 잃고 위탁 가정을 전전하면서 자랐다. 거짓말을 밥 먹듯이 했고 매우 폭력적이었다. 돈을 받고 몸을 팔기도 했다. 그를 아는 사람들은 그가 '지킬과 하이드' 같았다고 했다. 하지만 트레이시는 이런 사실을 몰랐다. 베일리는 트레이시 앞에서는 하이드 같은 모습을 보이지 않았다.

베일리가 꾸며내어 들려준 사정 이야기를 듣고 그의 처지를 깊이 동정하게 된 그녀는 그날 당장 베일리를 집으로 데려가 남편을 위해 준비해뒀던 저녁을 내주었다. 그녀는 계속 베일리를 돌봐주었다. 베일리가 제대로 식사를 하고 있는지 살펴보고, 잘 곳을 알아봐주고, 잘 곳이 없다고 하면 집에서 재워주었다. 비록 아들 피어스와 딸 리디아는 베일리가 집에 와 있는 것을 썩 좋아하지 않았지만 말이다. 트레이시는 남편 피터에게 베일리에게 일자리를 제공하자고 설득해 피터의 회사가 진행하는 건설 현장 중 한 곳에서 베일리를 고용하도록 했다.

그러나 베일리는 무단으로 결근하기 시작했다. 한

번은 친어머니가 죽어서 나오지 못했다는 핑계를 댔지만 그건 거짓말이었다. 결국 약물을 사용하다가 들켰다. 2015년 9월, 피터는 그를 해고해야만 했다. 하지만 그 이후로도 윌킨슨 가족은 계속 베일리를 도왔다. 집 앞에 웅크리고 있는 그를 발견해 2주일 동안 집에 묵게 해주었다. 베일리는 집에서 다른 가족과 마찬가지로 사소한 집안일을 하고 용돈을 받아서 담배를 사거나 소소한 음식을 사먹었다. 그는 전반적으로 매우 감사하는 것처럼 보였다.

그 이유를 알 수는 없지만, 사건이 벌어지기 약 한 달 전쯤 윌킨슨 가족은 그간 대신 내주던 베일리의 휴대전화 요금 지불을 중단했다. 이즈음 베일리는 페이스북에 자기 '가족'을 죽여버리겠다는 내용의 일련의 과격한 포스팅을 했다. 자기와 이야기조차 하지 않는다며 피도 눈물도 없고 무정하다고 비난하는 내용도 있었고, 잡히기 전에 몇 명이나 죽일 수 있을지 궁금하다고도 썼다. 자신이 학살극에 나서지 않도록 (심리적) 도움을 받아야 한다는 내용도 있었다. 이를 보게 된 베일리의 예전 위탁모는 베일리에게 심리 상담을 받으라고 권했다. 베일리가 약을 먹기 싫다며 이를 거절하자 위탁모는 경찰에 이런 사실을 알렸다. 경찰은 베일리의 가족과도 접촉하

려고 노력했다. 하지만 경찰은 그가 의미하는 '가족'이
생물학적 가족이 아니라 윌킨슨 집안이라는 사실은 미
처 알지 못했다.

2016년 3월 30일 이른 아침, 베일리는 눈만 내놓고
얼굴을 전부 가리는 마스크를 쓴 채 온통 검정색 옷으로
차려 입고 윌킨슨 가족의 집 정원에 숨어 있었다. 검정
색 장갑을 끼고 노란색 운동화가 눈에 띌까 두려워 검정
양말을 운동화 위에 덧신은 채였다. 남편 피터가 개를
산책시키기 위해 집을 나서자 베일리는 뒷문을 열고 집
안으로 숨어들었다. 그는 뒷문이 잠겨 있지 않다는 것
도, 집 안의 구조도 잘 알고 있었다. 부엌에서 칼을 집어
든 그는 부부 침실로 올라가 아직 잠들어 있던 트레이
시를 열일곱 차례 칼로 찔렀다. 그다음엔 아들 피어스의
방으로 가, 역시 침대에 있던 열세 살짜리 소년을 여덟
차례 찔렀다. 어찌나 세게 찔렀는지 소년의 등뼈가 잘려
나갔다.

검정 옷을 입은 낯익은 침입자

약 25분간의 산책을 마치고 집에 돌아온 피터는 무언가
잘못되었다는 걸 느꼈다. 트레이시가 산책에서 돌아오

는 남편을 위해 늘 준비해두는 차가 보이지 않았던 것이다. 그때 이미 트레이시는 죽어 있었고, 피어스는 침대에서 죽어가고 있었다. 현관문 옆에 숨어 피터가 돌아오기를 기다리던 베일리가 그 순간 피터를 덮쳐 "죽어라, 이 개자식" 하고 외치며 얼굴과 머리 등을 여섯 차례 찔렀다. 피터가 "에런, 우리는 너를 도우려 했어"라고 말했을 때 계속해서 돌아온 대답은 "죽어, 이 개자식"이라는 말뿐이었다. 피터가 가까스로 베일리를 떨쳐내자, 그는 밖으로 뛰어나와 주차되어 있던 피터의 차를 운전해서 도망쳤다. 막무가내의 질주는 그가 몰던 차가 남의 집 담에 충돌하는 바람에 막을 내렸다.

이날 피터는 다행히 목숨을 건졌지만, 트레이시와 피어스는 숨을 거두고 말았다. 열아홉 살인 딸 리디아는 대학에 다니느라 집을 떠나 있어 참사를 피했다. 집이 있는 동네에서 끔찍한 사건이 발생했다는 뉴스를 본 리디아가 구글 검색을 하자, 경찰이 접근을 막기 위해 주위에 노란 테이프를 둘러쳐 놓은 자기 집 사진이 나타났다.

베일리가 윌킨슨 가족의 그 모든 호의에도 불구하고 이들을 죽여버리기로 결심하게 된 경위는 알 수 없다. 그가 살해 동기에 대하여 아무런 이야기도 하지 않

았기 때문이다. 베일리는 체포된 직후, 그들을 다 죽여
버리지 못한 것이 한이라고 말했을 뿐이다. 그는 이전에
언젠가는 살인자가 될 거라고 뻐긴 적이 있다고 한다.
유명한 범죄자가 되어 창살 뒤에서 일생을 보낼 거라고
말했다는 것이다. 그렇다고 해도 그가 하필이면 윌킨슨
가족을 죽이기로 한 동기는 알 수가 없다. 무엇보다도
윌킨슨 가족은 그의 유일한 후원자였다.

끝내 밝혀지지 않은 살해 동기

검사 결과 그는 경계성 인격 장애를 갖고 있는 것으로
나타났지만 살인을 저지르는 동안 명료한 상황 판단을
하고 있었던 것으로 판단되었다. 재판 중 그는 아무런
후회도, 반성의 기미도 보이지 않았다. 그저 표정 없이
어깨를 늘어뜨리고 있을 뿐이었다. 다만 재판 도중 검찰
측에서 21건에 달하는 전과를 나열하자 그는 갑자기 냉
정을 잃고 소리쳤다. "내가 한 건 내가 한 거예요. 여기
서서 거짓말을 할 필요는 없다고요."

　리디아는 재판에서 베일리를 절대로 용서하지 않
을 것이라고 말했다. 리디아는 베일리가 자기 인생을 망
쳤다고, 가족 중 절반을 빼앗아갔다고, 자기 집 계단을

올라가다 보면 눈물이 솟아난다고 말했다. 그것이 베일리가 바라는 것이었을 수도 있다. 다른 사람에게서도 행복을 빼앗는 것. 자신이 갖지 못한 가족을, 마치 문을 열고 들여보내주는 것처럼 보이지만 그렇다고 자기를 완전히 받아들이지는 않는 가족을, 그래서 영원히 자기 가족이 아닌 가족을 빼앗는 것. 문 밖에서 집 안을 들여다보는 자에게 안의 풍경은 얼마나 따뜻하고 풍요로워보였겠는가. 그 집에 잠시 들어갔다면 거기서 나와야 하는 순간은 더욱더 쓰라렸을 것이다. 내가 가질 수 없다면 차라리 없애버리는 것. 무엇보다도 갖고 싶지만 자기 것이 될 수 없는 어머니를 말이다. 그게 그가 바라는 것이었을 수도 있다는 이야기다. 2015년 크리스마스 저녁식사 때 베일리가 트레이시에게 준 카드에는 이렇게 적혀 있었다. "내가 가져보지 못한 어머니에게." 베일리는 두 건의 살인을 인정하고 종신형을 선고받았다. 최소 30년을 복역해야 가석방을 신청할 수 있다.

서로 힘을 합해 살인을 저지른 부부

로즈 웨스트와 스티브, 메이에게

아, 로즈. 1994년 11월 29일은 당신 생일이고,
당신은 41세가 되겠지. 그리고 여전히 아름답고
여전히 사랑스럽겠지. 그리고 나는 당신을
사랑해. 우리는 영원히 서로 사랑할 거요.
내 인생에서 가장 훌륭한 일은 당신을 만난 거였지.
우리의 사랑은 우리에겐 특별했소. 그러니, 사랑이여,
당신의 약속들을 지키시오. 그게 무언지는 알겠지.
영원토록 우리가 같이 있는 곳은 당신에게 달려 있소.
우리는 헤더를 사랑했지, 우리 둘 다.
나는 샤메인이 헤더와 레나와 같이 있기를 바라오.
당신은 모든 세상 사람들에게 영원히 웨스트
부인일 것이오. 이게 나에게 중요한 일이고

당신에게도 그렇소. 선물은 준비하지 못했지만
내가 가진 것이라곤 내 생명뿐이오. 그것을
당신에게 주겠소, 내 사랑. 당신이 준비되었을 때
나에게로 오시오. 당신을 기다리고 있을 것이오.

일견 달콤하기 짝이 없는 이 연애편지는 사실은 기괴하
고도 끔찍하다. 이 편지는 1995년 1월 1일 프레드 웨스
트가 구치소에서 담요를 뜯어 만든 로프를 목에 걸고 조
인 다음 반대쪽 끝을 문손잡이에 걸고 무릎을 꿇어 스스
로 질식해 죽기 전에 자기 아내인 로즈메리 웨스트에게
남긴 글이기 때문이다.

성적 학대를 당하고 사망한 희생자들

프레드와 로즈메리 웨스트 부부는 1971년부터 1979년
사이에 따로 또는 같이 최소 열두 명 이상을 살해했다.
두 사람이 모두 사랑했다던 헤더는 부부의 딸이었다. 둘
중 하나 또는 둘이 함께 헤더를 죽였다. 시신은 살던 집
의 마당 구석에 파묻었다. 샤메인은 프레드의 첫 번째
아내가 데리고 온 딸이다. 죽임을 당할 때 여덟 살이었
다. 당시 프레드가 구금 중이었던 것으로 보아 로즈메리

가 혼자 죽인 것으로 보인다. 훗날 사체를 토막 내어 파묻는 일은 프레드가 했다. 레나는 프레드의 전 부인이자 샤메인의 엄마다. 샤메인의 행방을 물으러 왔다가 행방불명되었는데 프레드와 로즈메리 부부가 같이 죽인 것으로 추정된다. 프레드는 레나의 시체 역시 토막을 내어 파묻었다.

이들이 죽인 것은 모두 어리거나 젊은 여성이었다. 친딸과 의붓딸뿐 아니라 임신 8개월의 10대 소녀도 죽였다. 뱃속의 아이 아버지는 프레드였던 것으로 보인다. 희생자들은 대부분 죽기 전에 묶이고 재갈을 물린 채로 지하실 천장의 들보에 매달려 매우 심한 성적 학대를 당했다. 이후 목 졸리거나 질식당해 죽었다. 발견된 시체를 보면 손마디나 무릎 뼈, 척추 뼈 같은 작은 뼈 몇 개가 없어져 있었는데 아마도 살인의 '기념품'으로 챙긴 것으로 보인다.

앞서도 적었지만 사실 사람을 죽이는 행위 자체는 어쩌면 그리 어려운 일이 아닐 수도 있다고 생각한다. 물리적인 의미에서 말이다. 정말로 어려운 것은 시체를 처리하는 부분이다. 사람의 시체는 그리 작지 않다. 웨스트 부부는 이를 간단하게 해결했다. 이들은 사체를 그야말로 조각조각 잘라 자신들이 여덟 명의 아이들과 살던 집의 지하실 바닥에 파묻었다. 초기 희생자 몇 구는 근처 숲에 파묻기도 했다. 로즈메리가 집에 꾸려놓은 성매매 영업장에서 몸을 팔아 번 돈의 상당 부분은 가족의 집을 완벽하게 타인의 눈으로부터 벗어날 수 있는 고문 장소 및 무덤으로 개조하는 데 쓰였다.

성장 환경이 불행했던 두 남녀의 만남

프레드와 로즈메리는 둘 다 문제적이고 폭력적인 부모로부터 심각하게 성적으로 학대당하며 자랐다. 프레드는 농장의 잡일꾼이었던 아버지가 누이들과 잠자리를 하는 것을 일상적으로 보았다고 주장했다. 프레드는 딸들에게 '내가 너희들을 만들었으니 내 마음대로 할 수 있다'고 주장하면서 강간하곤 했는데, 근친상간에 대한 그의 관념은 아버지에게서 비롯되었다고 볼 수 있다(다만 프레드의 막내 남동생은 자기들 아버지와 누이들 간의 근친상간에 대한 프레드의 주장은 사실이 아니라고 부인했다). 로즈메리의 경우, 첫 번째 아이가 친아버지의 핏줄이라는 의혹이 있었다. 후일 로즈메리가 성매매를 할 때, 그녀의 아버지는 딸의 영업장에 기꺼이 고객으로 드나들었다.

둘 다 학교에 잘 적응하지 못했고, 프레드는 문맹에 가까웠다. 두 사람 다 본인이 겪은 그대로 동생들을 성적으로 학대했고, 프레드는 심지어 10대 초반의 여동생을 임신시켰다. 두 사람의 성장 환경에 관한 이런 설명들을 덧붙인다고 해서 도저히 상식적으로는 이해할 수 없는 이들의 엽기적이고 잔혹한 행동을 좀 더 이해할 수 있는 것은 아니다. 다만 애써 그럴 듯한 설명을 찾는 쪽이리라. 말하자면 교육이나 문화의 측면에서 철저히 박탈당한 영국 최하층 계급의 삶이 어디까지 문제적일 수 있었는지를 보여준다고도 할 수 있겠다.

프레드의 첫 번째 아내 레나는 성매매를 한 적이 있었다. 결혼 당시 파키스탄계 운전수의 아이를 임신하고 있었다. 낳은 아이는 딸이었고, 이 아이가 앞의 유서에 등장한 샤메인이다. 레나는 프레드와의 사이에 딸을 하나 더 낳은 후 계속되는 프레드의 성적 학대와 폭력을 못 이겨 아이들을 두고 도망쳤다. 그다음 해인 1967년, 프레드는 18세 소녀를 죽여 파묻었다. 소녀는 프레드의 아이를 임신 중이었고 그와 결혼할 거라고 믿고 있었다. 싸우다가 찔려 죽였다고 주장했지만, 시신은 죽기 전에 결박당했던 것으로 밝혀졌다. 따라서 소녀는 아마도 성적 학대를 당한 끝에 사망한 것이었을 가능성이 높다.

아픈 사회, 병든 사람들

로즈메리 레츠, 즉 로즈가 프레드 웨스트를 만난 것은 막 열다섯 살이 된 1969년이었다. 프레드는 스물여덟 살이었다. 로즈가 열여섯이 되자 둘은 같이 살기 시작했다. 로즈 부모의 격렬한 반대를 무릅쓴 채였다. 로즈는 곧 딸을 낳았다. 출산 직후 프레드가 사소한 절도 행위로 감옥에 갔으므로 겨우 열일곱 살의 로즈는 자기 딸 및 레나의 딸 샤메인, 그리고 레나가 프레드와의 사이에서 낳은 의붓딸까지 세 아이를 돌보는 처지에 놓였다. 프레드가 감옥에서 돌아오기 전, 여덟 살짜리 샤메인이 사라졌다. 프레드가 출소한 후에는 자기 아이들을 찾으러 왔던 엄마 레나 역시 행방불명되었다. 1971년에 벌어진 일들이다. 1972년 로즈와 프레드는 결혼했다.

3층집으로 이사한 뒤 벌어진 일들

부부는 주택보조금을 받아 살인과 시체 유기의 주 무대가 된 3층짜리 집으로 이사했다. 집값을 갚기 위해 집을 개조해 위층에는 하숙인들을 들였다. 그리고 로즈는 집에서 성매매를 시작했다. 남편은 직접 로즈의 사진을 찍어 잡지에 광고를 냈다. 한 층을 로즈의 영업장으로 개조하고 여러 개의 엿보기 구멍을 뚫어 아내가 '고객'을 받는 것을 지켜보았다. 이들의 결혼을 강력히 반대했던 로즈의 아버지도 드나들면서 딸과 동침했다. 로즈가 낳은 여덟 명의 아이들 중 적어도 세 명은 고객의 아이로 추정되었다. 한 명은 로즈의 아버지가 임신시킨 것이라는 주장도 있다.

1972년 부부는 귀가하던 17세 소녀를 납치해 때리고 묶고 약을 먹이고 재갈을 물린 후 채찍질을 하면서 강간한 뒤 죽이겠다고 위협했다. 아이들의 보모로 일하던 소녀였고, 부부의 성적인 접근을 거부했다. 로즈는 납치뿐만 아니라 강간에도 적극 가담했다. 간신히 탈출한 소녀의 상처를 보고 그 부모가 경찰에 신고하여 부부는 강간과 성폭행, 상해 등의 죄명으로 기소되었다. 하지만 피해자인 소녀는 법정에서 증언하기를 거부했고, 이 때문에 강간은 인정되지 않았다. 부부는 약간의 벌금형만을 선고받고 풀려났다. 부부가 풀려났다는 소식을 들은 소녀는 자살을 기도했다.

부부가 이후 피해자들을 모두 죽여버린 것은 이 사건으로부터 얻은 일종의 교훈인 것으로 보인다. 이들은 다시는 피해자를 살려두는 실수를 저지르지 않았다. 이들이 1973년부터 1979년까지 죽인 사람은 최소한 여덟 명인 것으로 확인되었다. 열다섯 살부터 스물한 살까지

의 백인 여자들이었다. 다만 이후 수사 과정에서 프레드
는 30건 정도의 살인을 저질렀다고 자백한 바 있다. 하
지만 이들의 시체는 발견되지 않았다.

그러는 한편 프레드는 끊임없이 딸들을 학대하고
강간했다. 프레드의 둘째 딸이자 로즈가 낳은 첫 번째
자식인 헤더가 자신과 형제들이 당하는 학대와 성폭행,
엄마의 성매매 영업 등에 대하여 친구들에게 이야기하
고 다닌다는 소문이 집으로 들려오더니, 열여섯 살의 소
녀는 행방불명되었다. 1987년의 일이었다.

부모에게 세뇌당한 아이들

1992년, 프레드는 열네 살짜리 딸을 때리고 강간하면서
이를 촬영했다. 딸의 친구 엄마가 이를 전해 듣고 경찰
에 신고했다. 아동학대 혐의로 수사에 들어간 경찰은 프
레드와 로즈의 자식들이 심한 신체적, 성적 학대를 당했
다는 것을 발견했다. 하지만 직접적인 피해자이자 증인
인 아이들이 증언을 거부했다. 오랫동안 부모에게 학대
받고 세뇌당한 아이들은 부모가 처벌받고 감옥에 갇힐
경우 자기들의 인생이 더욱 끔찍해질 것이라고 생각했
다. 아동학대와 근친 강간에 대한 경찰의 기소는 실패로

돌아갔다.

헤더의 행방은 어디서도 찾을 수 없었다. 경찰은 헤더가 살해당했다는 결론에 도달했지만 증거가 없었다. 수사 과정에서 경찰은 아버지가 말을 듣지 않으면 헤더처럼 마당에 파묻히게 될 거라는 협박을 종종 했다는 아이들의 이야기에 주목했다. 수사에 착수한 지 2년이 경과한 1994년에 이르러서야 경찰은 웨스트 부부의 집을 파헤치는 데 필요한 영장을 발부받을 수 있었다.

경찰이 영장을 들고 나타나자 프레드는 헤더를 살해해서 마당에 파묻었다는 사실을 자백했다. 그러나 집의 정원과 지하실에서 심하게 훼손된 아홉 구의 시신이 발견되었다. 시체들에는 성적인 고문의 흔적이 역력하게 남아 있었다. 어떤 시체는 여전히 묶인 채였고 어떤 시체는 입과 턱 부분이 온통 접착테이프로 둘둘 말려 있었다. 콧구멍이 있던 곳으로 추정되는 부분에 고문을 당하는 동안 숨을 쉬게 하기 위한 플라스틱 빨대가 꽂혀 있었다.

프레드는 첫 번째 아내와 의붓딸의 살해를 포함한 살인 사건들을 자백했다. 처음에는 모두 자기가 한 일이며 로즈는 아무것도 알지 못한다고 주장했다. 한편 로즈는 모든 잘못을 프레드에게 돌렸다. 부부는 프레드가 체포된 지 넉 달 만에 법정에서 처음 마주쳤다. 로즈는 남편을 무시했고 프레드가 어깨에 손을 얹자 불쾌하다는 듯이 몸을 움츠렸다. 아내의 배신을 목격한 프레드는 태도를 바꾸어 모든 범행을 주도한 것은 사실 로즈라고 주장했다. 그리고 1995년 1월 1일, 문득 저 모호하고 기묘하게 감상적인 유서를 아내에게 남기고 자살한 것이다.

로즈 웨스트는 샤메인의 살인을 포함하여 열 건의 살인 혐의로 기소되었다. 이후 열린 재판 과정에서 존재하는 것은 사실상 정황증거뿐이었다. 로즈가 이들을 죽였다는 직접적인 증거는 어디에도 없었다. 로즈는 납치와 고문과 살해와 시체 매장은 전적으로 남편이 한 것이라고 주장했다. 자기 역시 남편으로부터 육체적 학대와 정신적 학대를 당했고 피해자에 불과하다고 말했다. 로즈의 잔인한 태도와 성적인 방종, 폭행, 강간 협조에 대한 증언이 있었으나 다만 문제는 이와 같은 점들이 곧 살인을 했다는 증거가 되지는 않는다는 점이었다.

지배당하는 쪽은 과연 누구였을까

어쨌거나 판사는 나타난 증거만으로도 살인을 판단할 수 있다고 배심원들에게 설명했다. 그리고 직접적 증거가 없음에도 불구하고 로즈는 배심원 만장일치로 열 건의 살인에 대하여 유죄 평결을 받았다. 가석방 없는 종신형을 선고받고 복역 중이지만 로즈 웨스트는 여전히 결백을 주장하고 있다.

본인 주장대로 로즈는 그저 프레드의 의지에 복종한 것일지도 모른다. 하지만 로즈가 남들을 컨트롤하는 것에 매우 능숙하다는 진술도 있었으니, 두 사람의 관계에 있어서 컨트롤 당한 쪽은 어쩌면 로즈가 아니라 프레드였을지도 모른다. 안경 너머의 큰 눈이 맹하고 어쩌면 선량하게까지 보이는 로즈가 사실은 지배자의 위치에 있었고, 이 모든 끔찍한 범죄들을 주도한 것인지도 모른다는 이야기다.

2004년 로즈의 아들 중 하나가 누나인 헤더의 죽음을 목격했다고 증언하고 나섰다. 사건 당시 일곱 살이었던 소년은 엄마와 아빠가 누나를 묶고 때리고 강간하고 난 후 엄마가 누나의 머리를 거듭해서 발로 내리찍는 것을 보았다고 했다. 헤더가 다시는 움직이지 않을 때까지. 그러니 적어도 로즈의 경우 정의는 제대로 집행된 것이라고 볼 수 있겠다.

아픈 사회, 병든 사람들

평온한 죽음을 처방해 드립니다

살인은 거의가 돈과 치정 때문에 벌어진다고 한다. 저 사람을 죽이면 나에게 돈이 생기거나, 저 사람이 없으면 나의 사랑, 욕정, 미움, 질투, 기타 등등의 감정에 평화전선이 도래하거나. 따라서 살인이 벌어진 경우 범인을 잡기 위하여 제일 먼저 살펴보는 것은 금전 및 치정 관계이다. 그리고 대개의 사람들은 이 두 가지 사유로 사람을 죽인다. 그러니 만일 살인 동기가 이 두 가지 이외인 경우라면 범인을 잡는 것이 꽤 어려워진다. 소위 '묻지 마 살인' 같은 것 말이다.

해럴드 시프먼의 경우 그의 살인 행각의 동기가 명백히 밝혀진 바는 없다. 돈과 치정은 이유가 아니었던 듯하다. 그렇다고 그의 경우를 '묻지 마 살인'이라고 이름 붙이기는 선명치 않다. 피해자들은 모두 그의 '환자들'이었기 때문이다. 그는 가정의(GP)로 오랜 세월 일했는데, 이는 한국으로 치면 가정의학과 의사 내지 보건소 의사에 해당한다고 볼 수 있다. 영국의 경우 인근 가정의학과에 환자로 등록해서 주치의를 지정받은 후 일차적이고 통상적인 진료를 받게 되어 있다. 이 진료에서 보다 심각한 증상이 있다고 판단되면 전문의에게 이송된다. 즉 GP는 지역의 환자들과 오랜 기간 밀접하고 친밀한 관계를 맺게 된다. 환자의 감기며 우울증에 이르기까지 모든 질환에 대하여 알게 되고 심지어 건강 상태 이외의 부분에 있어서도 상의를 하게 되는 것이다. 적어도 시프먼 사건 이전에는 그러한 모습이 통상적인 것이었다. 하지만 시프먼은 가정의로 일하는 24년 동안 자기에게 등록된 환자 중 최소한 250명이 넘는 환자들을 죽였다. 그는 영국 역사상 가장 많은 사람을 살해한 살인범이다. 영국 언론이 그에게 붙인 별명은 '죽음의 의사(Dr Death)'였다.

존경받던 의사의 실체

시프먼은 노동 계급의 빈한한 가정 출신으로 어렵게 의사가 되었다. 17세 때 형제들 중 유독 시프먼을 편애하던 어머니가 폐암에 걸려 죽는 것을 무력하게 지켜볼 수밖에 없었던 것이 시프먼이 의사가 되어야겠다고 결심한 계기라고 알려져 있다. 마침내 의사가 된 시프먼은 얼마 지나지 않아 진통제 성분의 약물에 중독되었고, 서류를 위조해가며 약물을 빼돌리다가 정직되었다. 하지만 그에 대한 징계는 의사 면허를 박탈당하는 데까지 이르지는 않았다. 또한 그의 약물 중독 및 서류 위조 사실이 공개되지도 않았다. 따라서 그는 금세 복직하여 환자들에게 존경받고 심지어는 사랑받는 가정의로서 인생을 이어갈 수 있었다. 그의 약물 중독 경력이 그의 살인 행각과 관련이 있는 것일까. 그것 역시 알 수가 없다.

시프먼을 주치의로 두고 있던 환자들의 사망률은 인근의 다른 주치의의 경우와 비교해 볼 때 열 배 가까이 높았다. 지역의 장의사들은 이와 같은 의혹을 조심스럽게 제기했고, 의혹을 접수한 경찰은 시프먼에 대한 조사에 착수했으나 별다른 혐의점을 찾아내지 못했다. 경찰이 무혐의로 사건을 종결한 이후 시프먼은 세 명의 환자를 더 죽인다. 그리고 마침내 1999년 2월 그의 살인 행각이 발각되었다.

캐서린 그런디 살인 사건은 시프먼이 저지른 마지막 살인이자 그의 살인 중 유일하게 '동기'를 설명할 수 있는 사례이다. 이 살인은 일견 돈 때문에 일어난 것으로 보인다. 말하자면, 돈이냐 치정이냐 중 금전적인 부분을 뒤지다가 범인을 밝혀내게 된 셈이다.

그의 환자였던 그런디 부인은 비록 81세로 고령이었지만 특별한 지병이 없고 독립적이고 활동적이었다. 죽은 남편은 전직 시장이었다. 시프먼은 주치의로서 이 부유한 노인의 약간은 갑작스러운 죽음에 관하여 의심스러운 점이 없고 굳이 부검할 필요는 없을 것이라는 소견을 내놓았다. 고인의 유언장에는 화장해달라는 칸에 표시가 되어 있었으나 그런디 부인의 딸은 어머니의 유언에 따르지 않고 어머니의 시신을 매장하기로 결정했다.

사인은 헤로인 과다 투여

며칠 후 유언장의 전체 내용이 공개되었다. 변호사로서 그간 어머니의 법적인 서류들을 처리해오던 딸도 알지 못하는 내용의 유언장이었다. 놀랍게도 모든 재산이 고인의 주치의에게 상속되는 것으로 되어 있었다. 딸은 어머니의 유언장이 위조되었다고 의심했다. 만일 유언장이 위조되었다면 가장 유력한 범인은 최대 수혜자인 주치의일 것이었다. 또한 그렇다면 고인의 죽음 역시 자연

스러운 것이 아닐 수도 있었다. 만들어진 지 얼마 되지 않은 무덤이 파헤쳐졌다. 사체를 부검하자 치사량이 넘는 헤로인이 고인의 근육에서 발견되었다. 피해자에게 약물이 투여된 시간대가 시프먼이 방문한 시간대와 일치했다. 범인은 예상한 바와 같이 시프먼이었다.

그런디 부인 사건을 계기로 그의 환자로서 최근에 사망한 이들의 사체가 발굴되었다. 그들의 사인은 모두 헤로인 과다 투여로 밝혀졌다. 시프먼은 모두 열다섯 건의 살인에 대하여 유죄 판결을 받고 가석방 없는 종신형을 선고받았다. 선고가 있은 후 뒤늦게 그가 저질렀던 수많은 살인이 더 폭로되었다. 하지만 이미 시프먼은 법정 최고형을 선고받고 복역 중이었으므로, 그에게 다른 형벌을 추가할 수 있는 방법이 없는 이상 새삼 재판 절차를 밟는 것은 큰 의미가 없을 것이었다. 따라서 그에 대한 추가 기소는 이루어지지 않았다.

그런디 사건 이외의 다른 살인들의 경우 왜 그가 자기 환자들을 연이어 죽였는지를 금전과 연결시켜 설명할 수는 없다. 그가 살인을 시작한 것은 1975년으로 알려져 있다. 첫 살해 대상은 70대 초반의 여자 환자였다. 시프먼의 희생자들은 대개는 나이가 많지만 건강 상태가 상대적으로 양호한 여성 노인들이었다. 따라서 치정이 이유라고 보기는 쉽지 않다. 또한 고통에 시달리는 환자들을 죽인 것도 아니니 인도주의적 동정 때문에 죽음을 도운 거라고 생각하기도 어렵다.

그의 살인 방법은 모두 동일했다. 치사량의 헤로인을 주사하는 것이다. 그가 나이 많은 여자 노인들을 주로 선택한 점, 살해 방법으로 약물을 사용한 점 등은 어머니의 영향 때문이었다는 해석도 있다. 즉 어머니의 투병 당시 청소년이던 시프먼이 어머니가 마약성 진통제를 맞으면 급격히 고통에서 해방되는 모습에 매료되었다는 것이다. 한편 그가 신의 역할을 즐겼기 때문이라는 의견도 있다. 의사란 따지고 보면 환자를 살릴 수도 있고 동시에 죽일 수도 있는 강력한 힘을 행사할 수 있는 존재가 아니던가. 목숨을 좌지우지하는 역할을 행할 수 있는 것이다. 아니면 그는 그저 사람을 죽이고 그 모습을 관찰하는 것을 즐겼을 수도 있다. 혹자는 시프먼이 국민건강보험의 재정을 축내기만 하는 노인들을 혐오했기 때문에 이와 같은 살인 행각을 벌인 것이라고 말하기도 한다. 그러나 이 모든 이야기는 추정에 불과하다. 시프먼 스스로는 살인의 동기에 대한 아무런 설명을 남기지 않았기 때문이다.

그는 저토록 많은, 자신을 믿고 심지어 훌륭한 의사

라며 사랑하고 존경하기까지 하던 사람들을 죽인 이유를 단 한 번도 얘기하지 않은 채 복역하기 시작한 지 5년 만인 2004년 자기 감방에서 침대 시트로 목을 매어 자살했다. 58세 생일 전날 밤이었다. 아이러니하게도 그스스로 죽음을 택한 동기는 명백히 돈인 것으로 보인다. 그리고 아마도 사랑 때문에. 그가 만 60세 이전에 사망하지 않으면 그의 아내 프라임로즈가 받을 수 있는 연금의 액수는 매우 삭감되도록 되어 있었기 때문이다. 그가 적절한 시점에 자살한 덕에 그의 아내는 10만 파운드(한화 약 1억 4,500만 원)에 달하는 연금을 그것도 목돈으로 받게 되었다. 열일곱 살에 세 살 연상의 시프먼과 결혼한 프라임로즈는 그 모든 언론의 보도와 재판 결과에도 불구하고 끝까지 남편의 무죄를 믿었다.

의사의 '선한 동기'에 대한 믿음 깨져

시프먼 사건은 영국 사회에 매우 큰 충격을 주었고 영국의 의료 관행에 큰 변화를 불러왔다. 아픈 사람을 살리는 것이 가장 큰 책무인 의사가, 자기가 담당하는 환자들을 그렇게나 많이, 더구나 이렇게나 오랫동안 아무런 제지를 받지 않고 죽일 수 있었다니 말이다. 이와 관련하여 의사가 잘못된 행위를 하는 경우 이를 조기에 탐지하고 통제하는 의료관리 시스템이 존재하지 않는 것이 문제로 지적되었고, 대대적인 조사가 이루어졌다. 그 결과 사망증명서 발급을 주치의에게 전적으로 의존하는 관행, 중독성 약물을 허술하게 취급하고 관리하는 방식, 의사 감독 단체가 의사들을 감시하기보다는 구성원들, 즉 의사들의 권익 보호에만 중점을 두고 운영된 점 등이 해결해야 할 과제로 떠올랐다.

그러나 무엇보다도 시프먼 사건 이전과 이후로 가장 크게 달라진 것은 환자와 의사 간의 신뢰 관계인 듯하다. 특히 의사의 '선한 동기'에 대한 믿음은 결정적인 타격을 입을 수밖에 없었다. 말하자면 의사의 행위가 결과적으로 어떤 결과를 가져오든 궁극적으로는 선한 동기에서 행해질 거라는 환자 측의 굳센 믿음 말이다. 또한 의사가 선한 동기를 갖고 의료에 임하는 경우 그러한 마음을 환자 측에서 믿어줄 것이라는 의사 측의 믿음 역시 크게 위축될 수밖에 없었다. 사실 시프먼 사건 이전까지는 회생의 가능성이 전혀 없는 환자에게 오로지 고통을 줄여주기 위한 목적으로, 즉 전적으로 선한 동기에서 환자 본인이나 보호자의 요청에 따라 일정량 이상의 진정제나 진통제를 제공하여 '선택할 수 있도록' 해주는 일이 암암리에 종종 있었다고 한다. 그러니 굳이 언론의 호들갑스런 주목을 받을 위험을 무릅쓰면서 많은 비용을 지불하고 스위스 등의 존엄사 전문 시설로 마지막 여행을 떠날 필요가 없었던 것이다.

그러나 이제 어떤 의사도 이런 일을 하지 않는다. 아무리 환자가 불필요한 고통에 시달리고 있을지라도 말이다. 동기가 어떻든 그런 행위는 살인에 해당하는 것이고 결국 처벌받는다는 점이 명백해졌다고나 할까. 어떤 의사도 제2의 '닥터 데스'로 불릴 위험을 감수하지는 않는 것이다. 세상은 말하자면 조금 더 냉정한 곳이 되었다고 할 수 있겠다. 시프먼의 동기가 선한 것이었든 악한 것이었든 그건 알 수 없다고 해도 그의 행위가 그리 좋은 결과를 가져오지 않은 것은 분명하다.

알라가 영국 군인을 죽이라 했다

2013년 5월 22일 오후 2시 20분경, 한 백인 청년이 런던 남동부 울위치 거리를 걸어가고 있었다. 리 릭비. 영국군 보병연대 소속 고수(鼓手, 드러머)이자 기관총병이었다. 신병 모집 및 런던탑 경비를 맡고 있었다. 근무를 마치고 부대로 복귀하는 중이었고, 현역 및 예비역 장병 지원 자선단체의 로고가 새겨진 후드 티셔츠 차림이었다.

그가 도로를 건너갈 때 차 한 대가 시속 50~60킬로미터 속도로 달려와 그를 들이받았다. 그리고 차에서 흑인 청년 두 명이 내렸다. 그들은 클리버(일명 마체테, 날이 넓은 벌채용 칼)와 나이프, 총을 가지고 있었다. 한 청년이 쓰러진 릭비에게 다가가서 한 손으로는 그의 머리카락을 틀어잡고 다른 손에 쥔 클리버로 목을 내리치기 시작했다. 상처가 벌어지고 피가 뿜어져 나왔으나 그

아픈 사회, 병든 사람들

는 릭비의 목을 계속해서 내리쳐 마침내 목을 거의 잘라
냈다. 다른 한 청년은 나이프로 그의 몸을 찔러댔다.

　백주의 대로에서 벌어진 일이었다. 지나가던 차와
사람들이 멈췄다. 사람들은 그만두라고 소리를 질렀다.
급히 응급치료를 하려고 시도한 사람들도 있었다. 그러
나 릭비는 이미 숨져 있었다. 두 청년은 릭비의 시신을
질질 끌어 길 한가운데에 던져두고 모여든 사람들에게
무장한 경찰이 도착할 때까지 10여 분간 자신들이 왜 이
런 짓을 했는지에 대하여 설명했다. 그들은 사람들이 자
기들을 주목하고 이야기를 듣기를 원했다. 그들은 도망
칠 생각이 없었다. 그들은 차라리 순교자가 되기를 바랐
다. 들고 있던 총은 90년 된 구식 리볼버였고 작동되지
도 않는 것이었다. 이들은 자기들의 주장을 녹화해달라
고 목격자들에게 요구했다.

'자생적 테러리스트'가 벌인 백주의 학살극

릭비의 피가 묻어 마치 붉은 장갑을 낀 것처럼 보이는
청년은 피범벅이 된 손을 흔들며 비디오에서 대략 아래
와 같이 말한다. "우리가 오늘 이 사람을 죽인 이유는 영
국 군인들에 의해 무슬림들이 매일 살해당하고 있기 때

문이다. 그리고 이 영국 군인도 그중 하나다. 눈에는 눈이고 이에는 이다. (…) 폭탄을 떨어뜨리면서 당신들은 그게 한 사람만 죽일 거라고 생각하나? (…) 여자들이 오늘 이런 광경을 보게 되어 유감이지만 우리들의 땅에 사는 여자들도 같은 것을 보아야만 한다. 당신들은 절대로 안전하지 못할 것이다. (…) 우리가 총을 쏘아대기 시작할 때 데이비드 캐머런이 맞을 거라고 생각하나? 정치인들이 죽을 거라고 생각하나? 그렇지 않다. 당신이나 당신 자식들 같은 평범한 사람들이 죽을 것이다. 그러니 그들을 없애버려라. 그들에게 군대를 돌아오게 하라고 해라. (…) 우리 땅을 떠나면 당신들은 평화롭게 살 것이다."

즉, 이들은 영국이 아프가니스탄에 군대를 보낸 것에 대하여 항의하고, 군대를 철수시키라고 주장하고 있는 것이다. 그리고 이와 같은 주장을 위한 수단으로 다른 군인 청년을 죽였다. 범인들은 아마도 여기서 '우리'와 '당신'을, 국적이 아니라 종교를 기준으로 나누고 있는 것 같다. 범인들은 사실 둘 다 영국에서 태어나 자라고 교육받은 영국인이기 때문이다. 이들의 부모는 비록 나이지리아에서 왔지만 말이다. 이 두 흑인 청년의 이름은 각각 마이클 올루미데 아데볼라요와 마이클 올루와

토비 아데보왈레였다. 아데볼라요는 스물여덟, 아데보
왈레는 스물두 살이었다. 독실한 기독교 집안 출신이었
으나 이후 무슬림으로 전향했다.

이들의 성장 과정 및 이와 같은 잔인한 행위를 벌이
기까지의 경과는 서구의 이른바 자생적 테러리스트가
어떻게 출현하는지에 관한 하나의 전형과도 같다. 이 청
년들은 이민자의 자녀로 부모가 태어났던 나라보다 풍
요로운 서구의 나라에서 태어나 서구식 교육을 받았다.
그런데도 이들 중 일부는 끝내 극단적 무슬림이 되어 테
러를 자행하게 되는 것이다. 한때 순진하고 착하던 유색
인종 소년들은 자라나면서 불우한 가정사 등을 이유로
방황하다가 점차 삐뚤어져 폭력이나 마약 등을 접하게
되고, 사소한 범죄를 저질러 감옥에 드나드는 등 점점
더 사회에 적응하지 못하다가 이슬람에 관심을 갖게 되
고 그 안에서 소속감과 존재감을 느끼게 되다가 심지어
는 극단주의자들에게 포섭된다.

결혼을 앞둔 청년이 테러 대상이 되기까지

아데볼라요는 음악과 축구를 좋아하는 매우 쾌활하고
예의 바른 10대 소년이었다. 일요일이면 늘 교회에 갔

다. 아데보왈레는 조용하고, 제이미 올리버의 요리법을 따라 시도해보는 것을 좋아하는 소년이었다. 청소년기에 방황하던 중 이슬람을 접하게 된 이들은 런던의 크고 작은 종교 관련 시위에 참석하고, 시위 도중 경찰을 공격하다가 짧은 기간 구금되기도 하는 등 점차 폭력적인 행동을 취하게 되면서 점점 극단적인 이슬람주의에 빠져들었다. 둘 중 아데볼라요는 2010년 아프간 반군에 가담하기 위하여 소말리아로 향하다가 체포된 바 있다.

살해당한 청년 리 릭비는 스물다섯 살이었다. 두 살 된 아들이 있었다. 다섯 살 연상인 아내와는 별거 중이었으나 새로운 연인인 세 살 연하의 동료 병사와 결혼을 약속한 상태였다. 사건 당시 약혼자는 아프가니스탄에서 근무하고 있었다. 그는 결혼 잡지들을 사서 마음에 드는 드레스에 동그라미를 친 후 약혼자에게 보내곤 했다. 살해당하기 직전 그는 약혼자에게 이제 근무가 끝나서 부대로 돌아간다는 메시지를 보냈다. 그가 입고 있던 군인 지원 자선단체의 로고가 새겨진 후드 티셔츠는 약혼자가 사준 것이었다.

릭비의 가족은 릭비가 어린 시절부터 군인이 되기를 바랐다고 했다. 열여덟 살 무렵 군에 지원해서 키프로스, 독일, 아프가니스탄 등에서 복무하고 돌아왔다.

릭비가 아프가니스탄에 있었던 2009년은 영국이 아프가니스탄에 군대를 보내기 시작한 이래 가장 많은 사상자가 발생한 해였다. 릭비는 거기서도 살아서 귀환했다. 그의 가족들은 그가 전쟁터가 아니라 런던의 길거리에서 그렇게 무참하게 죽으리라고는 상상조차 하지 못했다.

범인들은 릭비에 대하여 아무런 개인적인 악감정이 없었다. 그들은 그저 릭비가 군인처럼 보였기 때문에 그를 선택했을 뿐이었다. 희생자는 반드시 영국 군인이어야 했고, 군인이기만 하면 되었다. 범인들에게 군인은 '공정한 타깃'이었다. 그들은 범행 전날 '올바른 상대'를 고를 수 있도록 알라 신에게 기도했다고 했다. 그들은 릭비의 후드 티셔츠와 군용 배낭을 보고 그가 군인이라고 짐작했다. 결과적으로 그들의 짐작이 맞았다. 그들은 "알라가 릭비를 차 앞으로 지나가게 했다"라고 주장했다. 다른 말로 하자면 릭비가 공격의 희생물이 된 것은 그저 릭비의 운이 나빴기 때문이었다. 하필 폭탄이 떨어지는 바로 그 자리에 있었던 수많은 전쟁 희생자들처럼 말이다. 아데볼라요와 아데보왈레는 범행 직후 모여든 사람들을 향해서 "우리는 오늘 런던에서 전쟁을 선포한다"라고도 말했는데, 재판 과정에서는 자기들이 릭비를 죽인 것은 '군사작전' 중에 행한 일이기 때문에 살인이 아니라고 주장했다. 자기들이 비록 제복을 입은 것도 아니며 세속의 기준에 따른 군인은 아니지만 리 릭비와 같은 군인이며, 중요한 것은 그들의 신이 자기들을 군인으로 본다는 점이라고 주장했다.

오히려 더 깊어진 이슬람 혐오

말하자면 이들은 전쟁을 새롭게 정의하고자 했다고 할 수 있다. 전쟁은 이제 정식으로 전쟁이 벌어졌다고 선포되고 그에 따라 군대가 파견된 곳, 즉 소위 분쟁지역에서만 벌어지는 것이 아니라고, 서구의 도시들, 즉 서구 민간인들의 일상 공간에서도 전쟁이 벌어질 수 있다고 주장한 것이다. 시리아나 아프가니스탄 사람들이 전쟁 한복판에서 일상을 영위하면서 언제 어디서 폭탄이 터지거나 총탄이 날아올지 몰라 하루하루 불안하게 살아가는 것처럼 말이다. 즉 그들은 '테러'를 하나의 전쟁 양식으로 선포한 셈이다.

물론 범인들의 주장은 받아들여지지 않았다. 두 명 모두에게는 모살죄가 인정되었다. 범인 중 아데보왈레는 자신이 공격에 가담하기 전 이미 릭비가 죽었다는 주장을 했지만 이는 받아들여지지 않았다. 두 사람 모두 종신형을 선고받았다. 가석방이나 감형을 받기 위해서는 아데보왈레는 최소 45년의 형을 살아야 한다. 아데볼라요는 가석방이나 감형이 불가능하다. 민간인들이 전쟁터가 아닌 곳에서 한 군인의 목숨을 매우 처참하게 빼앗은 데 대한 처벌이다. 테러는 전쟁이 아니기 때문이다.

다만 이와 같은 비극을 기회로 삼아 '과연 그렇다면 전쟁은 정당한 것인가' 하는 점 또한 생각해 볼 수 있다면 좋았을 것이다. 전쟁이라는 이름을 붙일 때는 왜 사람이 사람을 죽이는 행위가 허용되는가. 군인이 군인을 죽이는 것이 허용된다면 전쟁 중 군인이 민간인을 또는 민간인이 군인을 죽이는 것은 어떤가. 왜 전쟁을 수행할 때 무고한 민간인 희생자의 수를 줄이는 것을 가장 우선적으로 고려하지 않는가. 그럴 만한 가공할 기술력과 장비를 갖추고 있음에도 애써 노력하지 않는 것일 뿐은 아닌가. 전쟁에는 막대한 자원이 투입되고 그로 인하여 이득을 보는 세력이 반드시 존재하는데 왜 전쟁이 벌어졌던 해당 지역은 참혹하게 파괴된 채로 남아 있어야 하는가. 애초에 전쟁이 없어야 하는 것은 아닌가. 물론 이런 물음과 논의가 없었던 것은 아니겠으나 그와 같은 목소리는 충분치 않았고, 이 사건 이후 영국에서 실제로 벌어진 현상은 이슬람 혐오였다.

'새로운 전쟁'은 이미 시작됐다

그러니 주장하는 바에 대하여 사람들의 관심을 환기시켜 이를 관철하고자 하는 것이 테러의 목적이라고 한다면, 이들의 테러는 실패로 돌아갔다고 할 수 있겠다. 오히려 역시 무고한 시민일 뿐인 무슬림들에 대한 차별적 공격이 일시적이었기는 하지만 급격히 증가했기 때문이다.

한편 다른 의미로 생각해본다면 이 사건은 매우 성공한 테러이기도 했다. 주도면밀하게 계획을 미리 짜거나 거창한 무기를 준비할 필요가 없이 칼 몇 자루와 자동차만으로도 테러를 저지를 수 있었고 언론의 엄청난 주목을 받을 수 있었던 것이다. 따라서 이 사건 이후 테러리스트들의 공격 양상은 급격히 바뀌게 되었다. 칼로 무차별 공격을 하거나 자동차로 군중을 덮치는 방식이 사용되기 시작한 것이다.

이들이 선언한 '새로운 전쟁'은 이미 시작된 듯하다. 브뤼셀의 공항에서, 파리의 공연장에서, 니스의 거리에서, 노르망디의 교회에서, 베를린의 크리스마스 광장에서 사람이 사람을 죽이고 있으니 그들이 바라던 대로 전쟁터가 아닌 곳에서도 일상적인 공포가 존재하게 되었다. 물론 '오래된 전쟁'과 그로 인한 희생자 역시 줄어들지 않았다. 유엔에 따르면 2016년 아프가니스탄에서 목숨을 잃었거나 부상당한 민간인이 1만 1,500명에 달한다. 이는 역대 최고 수치다. 이 중 3분의 1이 어린이다. 누군가에겐 변함없이 나쁘고 누군가에겐 더 나쁜 시대가 된 것이다.

6장
풀리지 않은 의문들

증거는 없지만 살인범처럼 보인다

1985년 8월 7일 아침 7시경, 경찰은 날이 밝기를 기다린 끝에 뒷문을 부수고 화이트 하우스 농장으로 진입했다. 그날 새벽, 농장 주인의 아들인 제러미 밤버로부터 신고 전화가 있었다. 제러미는 아버지인 네빌로부터 급박한 전화를 받았다고 했다. 누나인 쉴라가 장총을 들고 미쳐 날뛴다는 것이었다.

농장에 진입한 경찰은 다섯 구의 시신을 발견했다. 밤버 부부와 그들의 딸 쉴라 카펠, 쉴라의 쌍둥이 아들들이었다. 이들이 사망한 순서는 알 수 없었다. 61세의 네빌은 잠옷 차림으로 1층의 부엌에 쓰러져 있었다. 전화기가 몇 발의 탄피 옆에 뒹굴고 있었다. 여덟 발의 총알을 맞은 상태였다. 여섯 발은 목과 얼굴에 맞았는데, 매우 가까이에서 총격을 당한 것으로 보였다. 결정적인 것은 머리에 가해진 두 발이었다. 식기가 깨져 있고 의자들이 엎어져 있었다. 심한 몸싸움이 있었다고 볼 수밖에 없었다. 네빌의 아내인 준은 2층의 침실 바닥에서 발견되었다. 역시 잠옷을 입고 있었고, 피가 흘러내린 모양으로 보아 총을 맞던 도중 일어나 앉아 있었던 것으로 추정되었다. 일곱 발의 총알을 맞았고, 그중 한 발은 미간 정중앙에 꽂혔는데, 30센티미터 이내의 거리에서 가한 총격이었다. 여섯 살짜리 쌍둥이 아이들은 자기들 방 침대에서 죽어 있었다. 한 아이는 뒤통수에 다섯 발의 총알을 맞았다. 다른 아이는 세 발을 맞았다. 매우 근거리에서 쏜 총알이었다. 자다가 총을 맞은 듯, 아이들의 침대는 흐트러져 있지는 않았다.

농장에서 발견된 다섯 구의 시신

스물여덟 살의 쉴라는 어머니 옆에 누워 있었다. 쉴라 역시 잠옷 바람이었고 맨발이었다. 두 발은 턱에, 한 발은 목에 맞았다. 10센티미터 이내의 거리에서 쏜 것이거나 몸에 대고 쏜 총격이었다. 앉은 상태에서 총에 맞은 것으로 보였다. 혈액 및 소변 검사 결과 쉴라는 항정신성 약물을 복용한 상태인 것으로 드러났다. 대마초도 피운 상태였다. 펼쳐진 성경이 그녀 옆에 있었다.

사건은 일견 명백해 보였다. 쉴라가 부모와 자기 아이들을 죽인 다음 스스로 총을 쏴 죽은 것이다. 쉴라는 오랜 기간 정신분열증을 앓아왔다. 헤어진 남편은 아이들을 자기가 맡아 키우는 게 낫겠다고 했다. 가족들은 그 전날, 쉴라의 아이들을 낮에는 다른 사람이 돌보게 하는 게 어떻겠냐는 내용의 의논을 했다고 제러미가 진술했다. 이제 제러미가 가족 중 유일하게 살아남은 셈이었다.

제러미와 쉴라는 네빌과 준의 친자식이 아니었다. 네빌 밤버는 공군 비행사로 2차 세계대전에 참전했다가 살아 돌아와 1946년 동갑내기인 준과 결혼했다. 젊은 부부는 에식스에 있는 300에이커(약 36만 평)에 달하는 농장에서 살림을 시작했으나 아이가 생기지 않았다. 부부는 1958년 생후 2주의 쉴라를, 3년 뒤인 1961년 생후 6주 된 제러미를 입양했다. 네빌과 준은 입양한 아이들을 외형적으로는 부족함이 없이 키웠다. 네빌은 지역의 치안판사이기도 했다. 아이들은 지역 유지의 자녀로 대접받으며 자라났고, 비싼 사립학교 및 기숙학교에 다녔다. 하지만 아이들과 양부모의 감정적 유대는 그리 강하지 않았던 듯하다. 특히 준은 뒤늦은 어머니 역할에 그리 잘 적응하지 못했다. 그녀는 우울증 및 신경쇠약으로 고

생하다가 결국 종교에 열렬히 빠져들었다.

아이들은 둘 다 외모가 빼어난 편이었다. 하지만 매
우 잘생긴 외모에도 불구하고 제러미는 호감을 사기보
다는 어딘지 사람을 기분 나쁘게 하는 데가 있었다. 어
린 시절에는 농장 주변의 동물들을 못살게 굴었고 사람
들의 신경을 긁기 일쑤였다. 농장의 오랜 일꾼은 어린
제러미가 자기는 고용주가 될 것이고 당신은 그저 일꾼
일 뿐이라고 말했다고 했다. 제러미는 남자 기숙학교에
서 상급생들에게 성추행을 당했다. 대학 입시에 실패하
고 양부모의 돈으로 호주와 뉴질랜드로 여행을 떠났으
나, 마약에 손을 대고 절도를 저지르기도 했다. 영국으
로 돌아온 제러미는 농장 근처에 있는 양부모 소유의 작
은 집에 살면서 농장 일을 돕기 시작했다. 농장에서 차
로는 5분, 자전거로는 15분 떨어진 거리였다.

부잣집에 입양된 남매가 선택한 삶

제러미가 자신이 입양아라는 사실을 겉으로도 속으로도
아예 무시하고 멋대로 구는 타입이었다면, 쉴라는 끊임
없이 양부모의 인정과 사랑을 받으려는 쪽이었다. 결국
은 실패를 했지만 말이다. 쉴라는 중등교육을 마치고 비

서 학교로 진학했으나 열일곱 살에 사귀던 남자의 아이를 임신했다. 뱃속 아이의 아버지인 콜린 카펠은 결혼을 원했으나 양어머니인 준은 낙태를 종용했다. 이 임신이 가족들에게 준 충격은 컸다. 준은 혼전 성교는 심각한 죄악이라고 쉴라를 심하게 다그친 후 그녀를 '악마의 자식'이라고 불렀다.

아이를 낙태한 후 쉴라는 밤비라는 애칭으로 불리며 모델 활동을 시작했지만 모델 경력은 다시 콜린의 아이를 임신하면서 끝장이 났다. 쉴라는 결국 콜린과 결혼했다. 양부모는 그들을 위해서 런던에 집을 사주었다. 하지만 그녀는 유산을 했고, 다시 임신을 했지만 또 유산을 했다. 그녀는 또다시 임신을 했는데 콜린은 다른 여자를 만나기 시작했다. 쉴라가 남자 쌍둥이를 낳은 지 다섯 달 만에 콜린은 쉴라를 떠나갔다.

쉴라는 급격히 불안정한 상태로 접어들었다. 마약을 하고, 파티에서 남자들과 만나는 생활을 계속했다. 결국 정신분열 진단을 받게 되면서 정신병원 입원과 퇴원을 반복하는 세월을 보냈다. 그녀는 자기 아이들을 '악마의 자식'이라고 불렀다. 양어머니인 준이 자기를 부른 바로 그 호칭이었다. 준과의 관계는 악화일로였다. 점점 더 깊이 종교에 귀의하게 된 준은 쉴라의 어린 아들들에게도 종교 생활을 강요했다. 아이들과 아이들의 아버지 콜린은 이를 매우 싫어했다.

1985년 8월 4일, 쉴라는 쌍둥이를 데리고 주말을 보내기 위하여 화이트 하우스 농장에 왔다. 농장 일꾼들 말로는 쉴라가 행복해보였다고 했다. 하지만 사건 현장을 찍은 사진을 보면 아이들이 발견된 방, 즉 쉴라가 어릴 때 쓰던 방의 찬장에 누군가 "나는 이곳이 싫어"라고 칼로 새겨놓은 것이 남아 있다. 누가, 언제 새긴 것인지는 밝혀지지 않았지만 말이다.

제러미는 8월 6일, 가족들과 함께 저녁식사를 하려고 농장에 왔다. 가족들은 쉴라의 아이들을 맡기는 문제를 의논했고, 제러미는 밤 9시 30분쯤 농장을 떠나 집으로 돌아왔다. 그리고 그다음 날 새벽, 참극이 발생한 것이다. 언론은 사건을 매우 떠들썩하게 다뤘다. 미모의 전직 모델이 '미쳐서' 양부모와 자기 아이들을 다 죽여버리고 자살했다! 이보다 더 자극적인 사건이 어디 흔하겠는가.

사건 종료 한 달 뒤 벌어진 반전

일주일 후 치러진 가족들의 장례식에서 제러미는 매우

슬퍼보였고, 애인인 줄리 머그퍼드의 어깨에 기대 울며 비틀거렸다. 하지만 그가 연기를 한다고 생각한 사람들도 있었다. 제러미의 사촌은 장례식이 진행되는 동안은 슬퍼보였던 그가 의식이 끝나고 사람들이 멀어지자 활짝 웃었다고 말했다. 계단을 펄쩍 뛰어 내려간 제러미가 "이제 내가 대장이야"라고 중얼대는 소리를 들었다는 사람도 있었다. 장례식을 마친 후 제러미는 양부모의 차를 팔아치웠고, 해외 여행을 다녀왔고, 대중지에 누나 쉴라의 나체 사진을 팔겠다는 제의를 했다. 말하자면 그는 하나도 슬프지 않은 사람처럼 행동했다.

사건이 일어난 지 한 달 후인 9월 7일, 제러미의 애인 줄리가 경찰에 찾아가 새로운 진술을 했다. 애초 줄리는 제러미의 알리바이와 관련하여 제러미에게 유리한 주장을 뒷받침했었다. 즉, 제러미가 사건 당일인 8월 7일 새벽 3시 30분쯤에 전화를 걸었고 "농장에 무슨 일이 있는 것 같다고 걱정을 했다"는 것이 줄리의 애초 진술이었다. 하지만 이제 그녀는 제러미가 사실은 양부모를 매우 미워했고 죽이고 싶어 했으며, '미친' 누나 역시 제거하고 싶어 했다고 주장했다. 부모가 누나에게 쓰는 돈을 아까워했다는 것이다. 네빌의 유언장에 따르면 유산은 제러미와 쉴라가 나누어 받는 것으로 되어 있었다.

제러미는 부모를 살해해도 쉽게 쉴라에게 뒤집어씌울 수 있을 것이라고 생각했다. 그가 여러 가지 살인 계획을 세우고 이를 이야기하는 동안 자신은 그저 헛소리일 뿐이라고 생각했다는 것이 줄리의 주장이었다.

하지만 8월 6일 밤은 달랐다. 저녁식사를 마치고 농장에서 돌아온 이후 제러미는 전화로 "오늘 밤이 아니면 영영 못 해"라고 말했다는 것이다. 줄리는 제러미가 양어머니의 자전거를 빌려다 놓은 것을 보았다. 그러니 제러미는 자전거를 타고 사람들 눈에 띄지 않게 농장에 가서, 창문을 따고 들어가 가족들을 모두 죽일 수 있었다는 것이 줄리의 주장이었다. 나아가 줄리는 사건 당일 제러미가 전화를 걸어온 것은 사실이지만, 가족들 걱정을 한 것이 아니라 "다 잘 될 거야. 농장에 좋지 않은 일이 일어났어. 한 잠도 못 잤어"라고 말했다고 진술했다. 또 다음 날 줄리를 보자마자 "나는 배우가 되었어야 해"라고 말했다고 덧붙였다.

완전히 바뀐 줄리의 진술로 인해 제러미는 9월 8일 체포되었다. 물론 제러미는 이를 부인했다. 자신에게 차인 줄리가 앙갚음을 하고 있다는 것이 제러미의 주장이었다. 그들은 장례식 이후 계속 싸웠다. 제러미는 다른 여자를 만나기 시작했다. 줄리가 경찰을 찾아가 새로운 진술을 하기 직전에도 두 사람은 심하게 다퉜다. 줄리는 거울을 깼고, 제러미는 줄리의 팔을 비틀었다.

검찰은 제러미가 과연 애초에 양아버지 네빌로부터 쉴라가 미쳐 날뛴다는 내용의 전화를 받은 것인지를 의심하기 시작했다. 네빌이 목에 입은 총상으로 보아 그 당시 말을 한다는 것은 불가능해 보였다. 또한 농장 부엌의 전화기에는 피가 묻어 있지 않았다. 하지만 제러미는 8월 7일 새벽 3시 30분쯤 아버지로부터 전화를 받고 경찰에 전화를 걸었다는 주장을 되풀이했다. 이와 관련하여 검찰은 그가 현장에 경찰이 출동하는 것을 늦추기 위해서 일부러 999(응급전화)가 아니라 지역 경찰서에 신고한 것이라고 주장했는데, 그는 999든 경찰서든 출동하는 시간에 큰 차이가 없을 것이라고 생각했기 때문에 지역 경찰서에 신고 전화를 한 것뿐이라고 반박했다.

부실한 초동 수사가 낳은 혼란

가장 문제가 되는 증거는 소음기였다. 현장에서 발견된 장총에는 소음기가 붙어 있지 않았다. 소음기는 1층의 총기 진열장에서 발견되었는데, 안쪽에 피가 묻어 있었다. 피는 쉴라의 것으로 보였다. 하지만 쉴라의 팔 길이로 보았을 때 소음기가 총에 연결되어 있었다면 쉴라는 방아쇠를 당길 수 없었을 것이다. 또한 소음기에는 부엌 선반의 페인트가 묻어 있었기 때문에 소음기가 총에 달린 채로 몸싸움이 벌어져 선반에 부딪혔다는 증거로 볼 수 있었다. 그러나 쉴라가 네빌과 몸싸움을 한다는 것도 거의 불가능해 보였다. 네빌의 키는 190센티미터를 넘는 데다 건강하고 힘이 셌다. 더구나 쉴라의 시신에는 드잡이를 한 흔적은 없었다. 따라서 소음기는 쉴라가 범인이라는 점을 의심하게 하는 증거로 볼 수 있다.

그러나 소음기가 진열장에서 발견된 경위 역시 명백하지 않았다. 사건 직후 총기 진열장을 수색했을 때 경찰은 소음기를 발견하지 못했다. 소음기를 발견한 것은 제러미의 사촌들이었다. 사건 발생 사흘 후의 일이었고, 제러미가 유죄 판결을 받을 경우 네빌의 막대한 재산을 물려받게 되는 것은 바로 그 사촌들이었다.

애초 경찰은 사건을 정신이 불안정했던 쉴라의 범행으로 단정했다. 따라서 조사는 철저히 이루어지지 않았다. 지문 감식도, 혈액 검사도 없었고, 현장 사진 역시 시간이 지난 후 찍은 것이었다. 현장은 마구 훼손되었다. 아이들의 시신은 매장되었지만 네빌과 준과 쉴라의 시신은 화장되었다. 증거는 제대로 보존되거나 제출되지 않았고, 경찰의 신고 접수 기록에도 모순이 있었다.

줄리의 진술이 가장 강력한 증거였다. 왜 사건 직후
에는 제러미를 옹호하는 내용의 진술을 했느냐는 질문
에 줄리는 전에 저지른 자신의 범죄들 때문이라고 말했
다. 경찰과 얽히고 싶지 않았다는 것이다. 줄리는 친구
의 수표책을 몰래 사용했고, 대마초를 팔았으며, 제러미
가 양아버지 사무실에서 돈을 훔치는 것을 도왔다. 검찰
은 제러미 사건에 협조하는 대가로 줄리의 이전 범죄들
을 기소하지 않기로 했다. 제러미는 9월 29일 정식으로
기소되었다. 줄리는 검찰 측 증인으로 재판에 출석해 증
언했다.

1986년 가을, 제러미는 다섯 건의 살인에 대하여 유
죄 판결을 받았다. 배심원들은 10 대 2로 살인을 평결했
다. 유죄 판결에 필요한 정족수를 간신히 맞춘 것이다.
그는 종신형을 선고받았다. 당시 스물네 살이었다. 줄리
는 선고가 있자마자 거액의 돈을 받고 신문에 자신의 경
험담을 팔았다.

좋지 않은 행실이 유죄의 증거라니

1991년 제러미는 죽을 때까지 석방될 수 없다는 통고를

받았다. 그는 단 한 번도 죄를 인정한 적이 없고 여전히 무죄를 주장하고 있다. 영국에서 가석방 없는 종신형을 살고 있는 죄수들 중 유죄를 인정하지 않은 이는 제러미 한 명이다. 어떤 이들은 그가 이렇게 스스로 무죄라고 믿는 것 자체가 사이코패스의 전형적인 증상이라고 말한다. 탐욕에 눈이 멀어서 양부모뿐 아니라 어린이들까지 잔인하고 냉정하게 죽인 사이코패스라는 것이다.

하지만 그가 무죄이며 석방되어야 한다고 믿는 사람들도 있다. 우선 이 사건의 진범은 그가 아닌 쉴라라고 믿는 사람들이 있다. 한편 누가 진범이냐의 논의와 무관하게 수사와 재판 과정의 문제점을 지적하면서 그가 공정한 재판을 받지 못했고 그 정도의 정황증거만으로는 유죄 판결을 내릴 수 없다고 주장하는 사람들도 있다.

사실 나타난 증거들 중 제러미가 가족들을 죽였다는 직접적인 증거는 없었다. 자백마저도 없었다. 여러 가지 사정들을 종합해 볼 때 제러미는 살인범으로 '보였다'. 그는 신뢰할 수 없고 동정하기 어려운 데다가 가족들의 죽음으로 인해 명백히 이득을 볼 사람으로 보였다. 그의 출중한 외모는 오히려 그를 더 미움받게 하는 요소로 작용했던 것 같다. 그간의 말썽과 평상시의 싸가지 없는 행실머리에 더하여 말이다. 양부모, 누이, 누이의 쌍둥이 아들들이 몽땅 시신으로 발견되었다는 소식을 들었을 때, 그리고 장례식에서, 그와 네빌의 가족을 알던 사람들은 "저 녀석이 했어" "쟤로군" "쟤 아니야?"라고 수군거렸다. 이런 그가 가족들을 죽이지 '않았다'는 직접적인 증거 역시 없었던 것이다.

하지만 동기가 있고 동정할 수 없고 게다가 호감이 가지 않는다는 사실만으로 그가 가족들을 죽였다고 단언할 수는 없다. 제러미가 가족을 죽이겠다고 말하는 것을 들었다는 유일한 증인은 그가 막 걷어찬 여자친구였다. 또한 검찰 측에 가장 중요한 살인 증거를 발견한 것은 제러미가 범인으로 지목되어 사라진다면 재산을 상속받을 사촌들이었다.

물론 그가 범인이었을 수도 있다. 하지만 그가 범인이 아니라면 이 사건은 모든 간접 증거에 더하여 '저 사람이라면 가족을 죽이고도 남을 것이다'라는 심증이 유죄 판단의 강력한 원인으로 작용한 사건이라고 할 수도 있을 것 같다. 그리고 누군가를 살인범이라고 단죄하고 평생을 가두어두고자 한다면 적어도 이보다는 확실한 증거가 필요하다는 것이 제러미의 무죄 석방을 주장하는 사람들의 이야기다. 형사 판결이란 사람을 처벌하는 것이다. 사람의 자유를 빼앗고 심지어는 목숨을 빼앗는 나라도 있다. 이를 위해서는 합리적인 의심을 넘어서는 정도의 유죄 입증이 있어야 하고, 그와 같은 유죄 입증은 처벌을 하고자 하는 쪽에서 해야 하기 때문이다.

제러미는 포기하지 않고 지지자들과 함께 법적 다툼을 계속하고 있다. 그는 자기의 무죄를 증명해 줄 새로운 증거를 찾는 일에 100만 파운드(약 14억 5,000만원)의 현상금을 걸었다. 그 돈은 물론 그 증거로 인해 무죄로 풀려나는 경우 친척들로부터 재산을 되찾고 나서야 마련될 것이지만 말이다.

사람들이 늘 진실만을 이야기하는 것은 아니다. 상대가 비록 자기 사건을 맡아 처리하는 변호사라고 하더라도 그렇다. 적극적으로 사실이 아닌 이야기를 더하여 거짓 말을 하는 경우도 있지만, 때로는 사실을 덜 이야기함 으로써 진실을 숨기기도 한다. 소송의 경우 변호사가 하는 작업을 거칠게 설명하자면, 자기 의뢰인이 '주장하는 사실' 중에서 법적으로 의미 있는 것들을 골라내 유리한 지점을 강조하고 방어 논리가 구축될 수 있도록 배치하는 것이다. 그런데 의뢰인이 진실과 진실이 아닌 자료를 섞어 제공하는 경우 변호사 입장에서는 자기가 이해했 거나 설명한 것과는 다른 생뚱맞은 이야기가 상대방의 입을 통해 튀어나오는 것을 듣는 황당한 상황이 된다. 의뢰인에게 사실 확인을 해보면 '사실은 그렇다'고 말한 다. 변호사로서는 그야말로 마른 하늘의 날벼락이랄 수밖에. 이미 구축한 논리를 어떻게 하면 덜 '면이 상하게' 살짝 바꿔낼 것인지, 머리가 터질 수밖에 없다.

어쨌거나 이건 소극적인 거짓말의 경우다. 변호사로서 의뢰인의 주장이 거짓인 줄 알면서도 법정에서 이를 제시할 수는 없다. 이는 변호사의 직업적인 윤리에도 어긋난다. 다만, 주장이 사실인지 거짓인지 알 수 없고 그 주장에 동의하지도 않는 경우, 이와 같은 사실을 법정에서 명시적으로 밝힐 것인지는 생각해볼 문제다. 변호사들이야 원래 에둘러 말하는 사람들이니 "저희 의뢰인은 거짓말을 하고 있습니다"라고 밝히지는 않을 것이다. 하지만 "저희 의뢰인의 주장이 사실인지 아닌지는 저는 알 수 없습니다" 정도로만 말을 한다고 해도 이는 변호인이 자기 의뢰인에게 공개적으로 보일 수 있는 최대한의 불신이라 할 수 있다. 적어도 이런 일은 그리 흔하게 벌어지지는 않는다. 하지만 그 흔치 않은 일이 일어나기도 한다.

실종신고 이틀 만에 발견된 시신

2016년 3월 21일, 영국 글래스고 인근 도시 클라이드뱅크 근교의 잡목 숲을 지나가던 행인이 덤불 아래 검은색 쓰레기봉투에서 사람의 발처럼 보이는 것이 삐져나온 것을 보고 경찰에 신고했다. 쓰레기봉투에 담긴 것은 15세 소녀 페이지 도허티였다. 페이지는 최소한 146군데의 칼로 인한 상처를 입고 사망했다. 시신을 조사한 결과 범인이 명백하게 의도를 가지고 찌른 것만 61차례인 것으로 밝혀졌다. 이 중 43차례의 공격은 머리와 목에 집중되어 있었다. 이마 절반에 멍이 들어 있었고, 코는 부러졌고, 눈을 가로질러 벤 상처가 있었으니 눈도 멀쩡하지 않았다. 칼로 반복해 찔러대는 바람에 몸에는 어른 주먹만 한 구멍이 나 있었다. 나머지 상처 중 상당 부분은 소녀가 공격을 막으려고 저항하다가 입은 것으로 추정됐다. 하지만 소녀의 반항은 그리 효과적이지 않았을 것이다. 페이지 도허티의 키는 약 146센티미터였고 몸무게는 38킬로그램 정도에 불과했다.

시신이 발견된 것은 가족이 실종신고를 낸 지 이틀 만이었다. 파트타임으로 일하던 미용실에 나타나지 않고 집으로 돌아오지도 않았던 것이다. 소녀는 사흘 전인 금요일 밤 단짝 친구의 집에서 자고, 그다음 날인 3월 19일 토요일 아침, 아르바이트를 위해 일찍 집을 나섰다. '딜리셔스 델리'라는 이름의 샌드위치 가게에 아침식사로 먹을 소시지 롤을 사러 들어간 것이 소녀가 살아 있는 상태로 목격된 마지막 모습이었다. 소녀는 살아서 가게 밖으로 나오지 못했다.

　가장 강력한 용의자는 당연히 딜리셔스 델리의 주인 존 리뎀이었다. 페이지의 어머니가 직원을 통해서 소녀의 행방에 대하여 물었을 때 리뎀은 소녀를 모른다고 했다. 리뎀은 후일 경찰에게 가게나 차에서 핏자국 등 소녀의 흔적을 찾을 수 없을 거라고 확신했었다고 말했다. 만일 그가 과학수사 드라마를 열심히 봤다면 전혀 타당하지 않은 확신이라는 걸 알았을 것이다. 표백제 등을 사용해서 핏자국을 열심히 씻어냈지만 핏자국의 흔적은 사체가 발견된 현장뿐 아니라 리뎀과 관련된 여러 장소, 즉 리뎀의 가게, 차, 집 창고에서도 확인되었기 때문이다. 그가 핏자국을 지우려 애쓴 흔적 역시 찾을 수 있었다.

　결정적인 증거는 CCTV 영상이었다. 가게와 그 주변에 설치된 CCTV 영상에 의하면, 소녀는 살해당한 날인 토요일 아침 8시 21분 리뎀의 가게로 들어간다. 소녀가 가게로 들어선 지 10분 정도 되었을 때 가게 앞 셔터가 내려진다. 가게를 나온 리뎀이 차를 끌고 와 주차시킨 후 대형 쓰레기봉투와 청소용 물티슈를 사온다. 그리고 잠시 후 검정 쓰레기봉투를 들고 나와 차에 싣는다.

봉투 사이로 하얀 양말을 신은 소녀의 발이 삐져나와 있지만 행인들은 무심히 주변을 지나간다. 리뎀은 쓰레기 봉투를 차 트렁크에 던져 넣고는 표백제를 한 통 사서 가게로 돌아간다. 리뎀은 페이지의 시신을 가게에서 멀지 않은 자기 집 마당 창고에 옮겨 두었던 것으로 보인다. 그리고 리뎀은 평상시와 똑같이 영업을 했다.

평범한 이웃이 저지른 잔혹 범죄

정리를 하자면, 토요일에 그는 가게에 들어온 소녀를 100군데 넘게 난자하여 죽였다. 일요일, 그러니까 소녀를 죽인 다음 날 그는 시체를 자기 집 마당에 그대로 둔 채 아내와 어린 딸을 데리고 근처의 관광지로 놀러 갔다. 소녀의 가족들이 실종신고를 하고 경찰의 수색이 시작됐다. 월요일 아침 6시경, 리뎀은 출근하는 길에 소녀의 시체를 도로변의 잡목 숲 덤불에 버렸다. 화요일, 소녀의 시신이 발견되었다. 리뎀은 시체가 발견된 후 사흘이 지나서 체포됐다.

심하게 끔찍한 범죄에 지역 주민들은 경악했다. 리뎀의 가게는 문을 닫았지만 사람들은 닫힌 셔터 위에 스프레이로 욕설을 썼다. 사람들이 몰려와 집에 계란을 던져대는 바람에 겁을 먹은 리뎀의 아내와 어린 딸은 집을 떠나야 했다. 사건을 조사한 경찰은 "이런 범죄가 스코틀랜드 지역에서는 매우 드문 것이며, 특히 소녀 앞에 펼쳐져 있던 인생을 잔인하게 잘라내버린 범인이 그저 평범한 시민들 중 한 사람이기 때문에 그 충격이 더 크다"고 밝혔다.

리뎀은 살인을 부인하지는 않았다. 그가 유죄를 인정했을 때 법정을 가득 메운 방청객들은 그를 향해 괴물이라거나 변태라고 소리를 질러댔다. 다만 살인이 벌어진 이유가 문제였다. 그들은 아무 관련도 없어 보였고 (리뎀과 소녀가 사귄 사이였다는 소문이 끈질기게 도는 바람에 경찰이 조사를 했으나 그 둘 사이에는 전화나 문자 메시지 같은 것이 오고 간 기록이 전혀 없었다) 리뎀은 어린 딸을 키우는 서른두 살의 가장이었다. 가게 운영에도 큰 문제가 없었다. 정신과적 문제도 없었고 전과도 없었다. 즉, 리뎀 본인은 '평범한 시민'이었다.

그런 그가 이렇게나 끔찍한 범행을 저지른 이유에 대하여 리뎀의 변호사는 페이지가 먼저 리뎀을 성범죄자로 몰겠다고 협박했고, 그래서 리뎀이 살인을 저지른 것이라고 주장했다. 리뎀에게는 성범죄자 리스트에 등록된 쌍둥이 형이 있었던 것이다. 성범죄자로 몰려 등록

되는 경우 어떤 일이 발생할 수 있는지 너무나 잘 알고 있었던 리템이 소녀의 협박에 '지나치게 과잉반응을 했을 뿐'이라는 것이 변호사의 주장이었다.

리템이 '주장한 사실'에 따라 변호사가 설명한 당시 사건의 경과는 다음과 같다. 사건 당일 아침, 페이지는 리템의 샌드위치 가게에서 일하고 싶다며 찾아왔다. 둘은 대화를 하려고 가게 뒤편 사무 공간으로 자리를 옮겼고, 페이지가 겨우 15세밖에 안 되었다는 것을 알게 된 리템이 엄마와 먼저 상의해봐야 할 거라고 말했다. 또한 일하기를 원하는 다른 사람들도 있기 때문에 그 사람들 역시 면접을 해봐야 한다고 말했다. 그러자 페이지는 리템이 자기에게 일자리를 줄 것으로 알았다며, 일자리를 주지 않으면 그가 자기를 '건드렸다'는 것을 폭로하겠다고 협박했다. 소녀를 건드리지 않았는데도 말이다. 화가 치민 리템이 벌떡 일어나자 소녀는 소리를 지르기 시작했고 그는 통제력을 잃고 선반에 놓여 있던 칼을 집어 소녀를 거듭 찌르기 시작했다.

변호사는 왜 그런 말을 했을까

흥미로운 지점은 리템의 변호사가 재판 과정에서 위와

같이 의뢰인에게서 들은 바대로 사실 관계를 주장하면서도, 자신은 소녀가 했다는 말 때문에 자기 의뢰인이 칼로 찌른 횟수나 공격의 잔혹성이 정당화된다고 말할 입장은 아니라고 굳이 언급했다는 점이다. 변호사는 더 나아가 의뢰인의 주장이 사실인지 아닌지는 본인은 알 수 없다고 못 박고, 자신은 다만 리뎀이 주장하는 대로 사건의 경위를 밝히는 것이라고 말함으로써 애써 의뢰인과 거리를 두었다. 말하자면 리뎀의 변호사는 자기 의뢰인의 주장이 타당한 것이라고 생각하지 않을뿐더러 애초에 그런 일이 있었는지에 관해서도 자기 의뢰인을 믿지 않는다는 의중을 드러낸 것이다.

재판 결과 리뎀은 최소 27년을 복역하면 석방될 수 있는 종신형을 선고받았다. 판사는 피해자로부터 위와 같은 협박을 받았다는 피고인의 주장을 뒷받침하는 증거가 하나도 없다는 점을 지적했다. 이는 피고인의 일방적인 주장에 불과했다. 더 나아가 만일 소녀가 협박을 했다는 피고인의 주장이 사실이라고 해도 '성범죄자로 몰겠다'는 협박 때문에 이토록 끔찍하고 사악한 범죄의 본질이 완화되는 것은 아니라고 밝혔다. 이 살인 사건에서 본질적인 부분은 성인 남자가 스스로를 방어할 수단이 없는 아동을 미친 듯이 잔인하게 공격하여 죽였다는 사실이지 소녀가 협박을 했는지 안 했는지, 했다 해도 그 협박이 사실인지 아닌지 하는 부분이 아니라는 이야 기다.

원심 선고는 2016년 10월에 있었고, 리뎀은 같은 달에 항소했다. 항소심의 변호사는 원심과 같은 사람이었다. 항소심에서 리뎀의 변호사는 범인이 초범이라는 점, 살인은 계획적인 것이 아니었다는 점, 그가 진심으로 후회하고 있다는 점, 시체를 애써 숨긴 것이 아니라 발견되기 쉬운 장소에 유기한 것뿐이라는 점을 고려할 때, 또한 유사한 아동 살인 범죄와 비교해 봤을 때 원심의 형기는 양형 관행상 부당하게 긴 편이라고 주장했다. 이와 같은 주장은 재판에서 매우 통상적으로 할 수 있음직한 것들이다. 차라리 이런 통상적인 주장이 원심에서 제기되었더라면 더 나았을 것이다. 소녀가 협박을 했느니 어쩌니 하는 이야기를 할 게 아니라 말이다.

변호사가 위와 같은 주장을 하면서 자기가 주장하는 내용을 스스로 믿었는지는 역시 알 수 없다. 즉 자기 의뢰인이 살인을 계획하지 않았고, 진심으로 후회하고 있고, 시체를 가져다 버린 것이 아니어서 감형이 되어 마땅한 사람이라고 진짜로 생각한 것인지는 알 수 없다는 이야기다. 어쨌거나 이번에는 이와 같은 주장을 하면서 변호인은 의뢰인과 거리를 두지는 않았다.

　　페이지의 유족 및 여론의 격렬한 반대에도 불구하
고 항소심에서의 주장은 받아들여졌다. 이와 같은 주장
들은 법원이 통상적으로 받아들일 수 있는 주장이기 때
문이다. 항소심 선고에서 그의 최소 수감 형기는 23년으
로 축소됐다.

암살의 비밀을 안고 의문의 죽음을 당하다

행복한 인생은 돈으로 살 수 있는 것일까 아닐까. 정의
를 집행하는 일은 돈으로 막을 수 있을까 아닐까. 여기
서 말하는 것은 일반적인 수준의 부가 아닌, 돈이 돈을
낳는 듯한, 평생 다 쓸 수 없을 정도의 돈이다. 소비할
수 있는 돈이 너무 많아서 오히려 소비된 인생. 에바 라
우싱의 삶은 타블로이드 신문이나 호사가들의 가십거리
로 소비되었고, 그 죽음 역시도 그러했다.

　에바 라우싱과 남편 한스 라우싱은 영국에서 가장
돈이 많은 사람들에 속했다. 여자 쪽도 백만장자인 아버
지 밑에서 자라났지만 남편인 한스는 테트라팩 소유주
가문 출신이다. 테트라팩은 우유팩 같은 식품 포장재를
최초로 상용화하고 대량 판매하는 데 성공한 다국적 거
대 기업이고, 창업자의 손자인 한스는 43억 파운드(약 6
조 원)가 넘는 재산의 상속자다. 다만 그는 가족의 사업

에 직접 참여하지는 않고 있다. 안 하는 게 아니고 못 한다고 하는 것이 적절할 수도 있겠다. 한스는 지독한 약물 중독자였기 때문이다. 에바 역시 마찬가지였다.

이들은 둘 다 10대 후반에 마약에 빠져들었다. 20대 때 마약 중독 치료시설에서 만나 결혼했다. 결혼 후 몇 년 동안 약을 멀리한 시기가 있긴 했지만 이내 다시 약물 중독자의 생활로 돌아갔다. 런던의 미국 대사관을 이용해 마약을 밀수하려다 잡힌 일도 있는데, 당시 부부는 아이러니컬하게도 관련 자선단체 두 군데에 막대한 재정적 후원을 하는 등 마약 퇴치 운동가로 활발히 활동하고 있었다. 둘의 약물 중독은 심한 수준이었던 것으로 보인다. 에바는 치료시설에 들어갔다가 규정을 어겨 쫓겨나기도 했다. 결혼생활도 매우 불안정한 형국이었는데 남편인 한스는 그것이 약물 때문이었다고 주장했다.

약물 중독의 늪에서 헤어나지 못한 백만장자 부부

그들은 네 명의 아이들을 낳았지만 아마도 약물 때문에 제대로 돌보지 않았다. 급기야는 한스의 누이 시그리드가 조카들의 안위를 위해서라며 네 아이의 양육권을 빼앗아갔는데, 에바의 가족은 아이들을 빼앗긴 것이 에바에게 결정적인 타격이 되었다고 주장했다. 에바는 어쨌거나 자기 아이들을 매우 사랑했다는 것이다. 에바와 시그리드는 사이가 썩 좋지 않았던 것으로 보인다. 아이들을 빼앗긴 에바는 잠시 동안은 아이들을 만나기 위해 시그리드의 집을 방문했으나 곧 그만두었고, 대신 시그리드에게 갖은 욕설과 비난을 담은 이메일을 끊임없이 보냈다. 하지만 이는 모두 시그리드의 주장이다. 비록 실제로는 그렇지 않았다고 하더라도 심하게 부패하여 알아볼 수 있는 부분이라고는 지문 몇 개와 심장박동기의 일련번호뿐인 시체로 발견된 에바 라우싱은 이와 같은 살아 있는 자들의 주장에 대해 스스로를 변호할 수가 없다.

2012년 7월 10일, 경찰은 약에 취한 채로 운전을 하고 있던 한스 라우싱의 차를 정지시켰다. 차의 트렁크를 연 경찰은 수신인이 에바 라우싱으로 되어 있는 미개봉 우편물을 잔뜩 발견했다. 우편물들의 수신인은 어디 있느냐는 경찰의 질문에 한스는 울기 시작하면서도 에바 라우싱은 자기 아내이고 지금 캘리포니아에 있다고 우겼다. 경찰은 라우싱의 7,000만 파운드(약 970억 원 정도)에 달하는 침실 50개짜리 벨그라비아 저택을 방문했다. 세 명의 가사 도우미는 자신들은 부부의 침실이 있는 3층 출입이 금지되어 있다고 말했다. 3층은 부부가 처박혀 마약을 하는 곳이었다. 부부는 개인 엘리베이터를 통해 3층을 드나들었고, 누구도 한동안 에바를 볼 수 없었으나 한스 라우싱이 아내가 열이 있다며 직접 식사를 가져다주겠다고 했다는 것이다.

3층에는 온통 파리가 날아다녔다. 침실 문은 공업용 테이프로 밀봉되어 있었고 게다가 그 앞에는 가구를 쌓아 두었다. 문을 열고 들어가자 방수포로 덮인 커다란 침대가 있었다. 그 위에는 대형 텔레비전 및 주사기를 비롯한 온갖 물건들이 널려 있었다. 쓰레기 더미를 방불케 하는 물건들 아래에서 무언가 썩고 있었다. 물건들을 뒤적거리던 경찰은 그 아래에서 금발 머리카락이 붙은 머리를 발견했다. 에바 라우싱이었다. 시체는 수십 겹의 시트며 옷가지로 뒤덮인 채였다. 당시 48세였다.

심장박동기 기록에 따르면 마지막으로 그녀의 심장이 뛴 것은 시체가 발견되기 약 8주 전이었다. 다 썩은 손은 여전히 마약 주사용 도구들을 움켜쥐고 있었다. 에바의 사인은 약물과 관련한 것이라고 할 수밖에 없었다.

완벽히 부패해 사라진 증거들

한스 라우싱은 에바가 그냥 쓰러졌다고 했다. 쓰러졌기

때문에 이불을 덮어준 거라고 했다. 결국 아내가 죽은 것을 알았지만 그 죽음에 직면할 자신이 없었다고 했다. 아내가 없는 인생을 살아나갈 자신이 없었노라고, 아내는 가장 친한 친구였다고도 했다. 물론 그가 이 모든 진술을 하는 데 있어서 변호인의 검토와 조력을 받지 않았을 리는 없었다. 그는 늘 최고로 유명한 변호사 군단에 둘러싸여 나타났는데 그중 대표 격은 당시 총리였던 데이비드 캐머런의 형이었다.

경찰은 한스 라우싱을 에바 라우싱의 살인범으로 기소하는 것을 잠시 고려했지만 에바의 죽음이 살인이라는 것을 입증할 증거가 없었다. 시신이 이불과 옷가지 더미 아래에서 거의 완벽히 부패하면서 증거도 모두 같이 사라져버렸다. 그러니 에바 라우싱이 어떻게 죽었는지는 사실 알 수 없다. 죽은 자 본인과 목격자인 남편은 알겠지만 말이다. 결국 2012년 8월 1일, 한스 라우싱은 단지 장례를 방해한 죄로 기소되었다. 에바의 시체가 발견된 지 일주일 만의 일이었다. 그는 유죄를 인정했고 금고 10월에 집행유예 2년을 선고받았다.

같은 달 말, 영국 및 스웨덴 경찰은 에바 라우싱이 올로프 팔메 전 스웨덴 총리 암살 사건의 전모를 안다며 2012년 초에 스웨덴 언론을 접촉한 일이 있다고 밝혔다. 암살당하기까지 10년 동안 스웨덴 총리를 지낸 팔메는 1986년 2월 거리에서 총에 맞아 살해되었다. 범인은 잡히지 않았다. 이 사건은 여전히 미제로 남아 있는데, 에바 라우싱은 팔메의 죽음에 스웨덴 기업인이 연루되어 있다고 주장했다고 한다. 자신이 갑작스럽게 죽을지도 모른다며 두려워하기도 했다는 것이다. 그리고 그해가 가기 전 에바 라우싱은 죽음을 맞았다.

한스 라우싱은 2014년 여름 재혼했다. 결혼식은 몹시 화려했고, 영국의 상류층과 유명인들은 이 결혼식에 기꺼이 참석했다. 한스가 일생의 대부분을 심각한 마약 중독자로 지냈다거나 썩어가는 아내의 시신과 두 달을 같이 산 일 따위는 하나도 중요하지 않다는 듯이 말이다. 새 아내는 귀족의 딸이자 미술품 경매회사로 유명한 크리스티의 예술품 전문가다. 이들은 사실은 오랫동안 알아온 사이였는데 에바 라우싱의 비극적인 죽음을 계기로 가까워졌다는 것이다.

그러니 대개 가장 이해관계가 깊은 사람이 살인범이라는 꽤나 예외 없는 법칙을 고려할 때, 살인범은 한스일까. 그가 불행한 결혼생활에서 벗어나기 위하여 마약 중독자인 자기 아내를 죽여버린 것일까. 아니면 그녀의 입을 막고 싶은 누군가 에바 라우싱을 죽인 것이고,

한스는 이를 방조했거나 아니면 목격한 것뿐일까. 만일 한스가 아내의 죽음에 어떤 식으로든 관련이 되었다면 그 이후 사건 처리 방식이야말로 감탄할 만하다. 보통 실행은커녕 흉내내기조차 어려운 방식이다. 시체를 그저 집 안에 두고 썩게 하여 증거를 없애버린 것 아닌가. 보통 사람들의 집에서라면 집 안에 시체를 두고 완전히 썩을 때까지 방치하기란 쉽지 않은 일이다. 대개 이웃에서 지독한 냄새가 난다고 아우성칠 것이기 때문이다. 그러니 토막내든가 하여 집 밖으로 운반하거나 마당이든 어디든 갖다 파묻는 것일 테고. 아니면 누군가가 그 사람의 안부를 묻거나 행방을 궁금해하기 마련이다.

미제로 남은 에바의 주장

물론 한스의 주장대로 에바는 단지 스스로 약물을 과도하게 사용한 나머지 사고로 죽은 것일 수도 있다. 그들 부부는 약물에 사로잡혀 있었고, 한 사람의 죽음 덕에 다른 한쪽은 정신을 차린 것일 수도 있다. 한스의 누나 시그리드는 본인 및 가족이 동생 부부의 약물 중독 덕에 겪은 고난을 털어놓으면서, 거의 무한에 가까운 재산으로 구할 수 있는 세계 최고의 약물 중독 전문가도 동생을 구할 수는 없었다고 말했다. 그 많은 재산에도 불구하고 한스 라우싱은 행복하지 않은 사람이었다는 것이다.

하지만 한스는 이 사건 이후 드디어 약물에서 손을 뗐다고 한다. 연상의 새 아내와 더불어 찍은 사진을 보니, 한스 라우싱은 이제는 꽤나 행복해진 모습이다. 적어도 에바 라우싱과 함께 살 때의 절망에 빠진 해골 같던 모습에 비하면 말이다. 그러니 드디어 한스 라우싱은 행복해진 것일까. 그 행복은 아내의 죽음으로 인해 온 것일까. 그녀의 죽음에 대하여 그가 얻어낸 면책은 얼마나 엄청난 돈으로 산 것일까. 그렇다면 행복은 돈으로 살 수 있다는 이야기일까. 그 행복은 언제까지 유지될 수 있는 것일까. 도무지 알 수 없는 일이다.

대개의 사람들에게 이제 세상이란 이와 같은 부를 지니고 살아갈 수 있는 곳이 아니기 때문이다. 이와 같은 부에 접근할 수 있도록 계층의 사다리를 타고 올라갈 수 있을 가능성조차 거의 없다. 하지만 그 사다리에서 굴러 떨어지기란 매우 쉽다. 그리고 에바 라우싱과 팔메 수상의 암살 사이의 연관성에 대하여는 그 이후 후속 보도가 나오지 않았다. 적어도 이 글을 쓰면서 찾아본 바에 따르면 그렇다.

2006년 11월, 병상에 누운 한 남자의 사진이 영국 신문
들을 뒤덮었다. 남자는 머리와 눈썹이 다 빠지고 피골이
상접한 모습이었다. 도무지 원래 어떤 생김새였는지, 나
이는 몇 살인지 짐작이 가지 않을 정도였다. 명백한 것
은 그가 죽기 바로 직전이라는 사실이었다. 죽음을 눈앞
에 두고 남자는 문제의 그날, 자기에게 일어난 일들을
필름 재생하듯 다시 구성했다. 그 지경에 이르러서도 남
자는 그날 주변에 있던 사람의 키, 체격, 머리색, 복장,
장신구 등 외모에서부터 누가 어디로 들어와 어떻게 자
리에 앉았는지, 대화의 세세한 내용까지 모든 것을 기억
해낼 수 있었다. 그렇게 훈련을 받았다. 알렉산드르 리
트비넨코. 43세, 전직 러시아 스파이였다. 결국 발병한
지 3주 만에 사망했다.

　리트비넨코는 영국으로 망명한 러시아 연방보안국

(FSB, KGB의 후신이다) 출신 중 제일 고위직에 속한 인물이었다. 겨우 16세에 KGB에 들어갔다. 당시 이는 애국자라면 마땅히 해야 할 행동이었고, 명예로운 것이었다. 그는 KGB가 FSB로 명칭을 바꾼 이후에도 계속 조직에 충성을 다했다. 조직이라기보다 조국에 충성을 바친 것일 수도 있다. 그러나 충성을 바치는 과정에서 그가 수행한 행위들은 그리 정의롭지도 깨끗하지도 않은 것들이었다. 스파이로서 그는 그다지 별다른 구석이 없고 두드러지지도 않는 인물이었지만, 한 가지 측면에 몰두하면 다른 지점들을 고려하지 않는 특성이 있었다.

푸틴의 눈 밖에 난 스파이

1997년 그는 러시아 정부가 재계의 거물인 보리스 베레좁스키를 살해하려 했다고 폭로했다. 베레좁스키는 개방 및 개혁의 물결이 휩쓸고 지나간 이후 소비에트연방의 해체와 더불어 급격히 진행된 국유 재산의 사회화를 이용하여 막대한 재산을 챙긴 인물이다. 한때 수학자이자 엔지니어이기도 했던 그는 러시아 정계의 갖은 음모의 중심에서 활약했다. 리트비넨코는 베레좁스키 암살계획이 불법적인 것이라고 보았고, 이를 FSB 국장에게 보고했다. 국장이 이에 대하여 별다른 조치를 취하지 않자 리트비넨코는 이와 같은 사실을 베레좁스키 본인에게 알려주었고, 베레좁스키는 그리 조용히 있지는 않았다. 분노한 FSB 국장은 리트비넨코를 조직에서 쫓아냈는데, 그 국장이 바로 머지않은 장래에 러시아의 대통령이 된 푸틴이다.

리트비넨코는 여러 죄명으로 투옥되었다가 석방되기를 반복했다. 2000년 대통령 선거 당시 베레좁스키는 후보였던 푸틴을 강력하게 비난하면서 반대 세력으로 자리 잡았다. 그러나 푸틴은 결국 대통령으로 당선되었고, 조작된 죄명으로 다시 체포될 위기에 놓인 리트비넨코는 가까스로 터키를 통해 영국으로 탈출했다. 2000년 가을의 일이었다.

망명 이후 리트비넨코는 저술활동 등을 통해 푸틴을 비난하는 일에 열렬히 앞장섰다. 2003년 이후에는 영국 비밀정보부(MI6)를 도와 일했다. 러시아 조직범죄 전문가로서 스페인의 러시아 마피아에 관하여 조사하던 그는 러시아의 고위 정치인들이 이들 마피아와 연결되어 있다는 것을 알게 되었다. 혐의는 최종적으로 푸틴을 가리키고 있었다. 그는 스페인 검찰 측에 서서 증언을 하기도 했다. 과거 인연과 이후 리트비넨코의 활동들을

보았을 때 푸틴이 없애고 싶은 인물 리스트의 맨 꼭대기
에 그의 이름이 당당히 새겨져 있었다고 해도 이상한 일
은 아닐 것이다.

그리고 일찍이 트로츠키 암살 사건에서 보듯 정적
이나 정치적 위험 인물을 비밀리에 제거하는 것은 러시
아 정치의 오랜 전통이지 않았던가 말이다. 이와 같은
전통은 보리스 옐친 시절 거의 사라진 듯이 보였다가 푸
틴 집권하에 되살아나고야 말았다고 할 수 있겠다. 다만
이전의 암살이 정치적 이념을 추구하기 위한 것이었다
면 푸틴 이후 그 주된 목적은 푸틴과 그 측근의 막대한
경제적 이익을 위한 것이라고 할 수 있다. 사실은 바로
이 지점이 자긍심 높은 FSB 장교로서 리트비넨코를 좌
절시킨 것이기도 했다. 다시 말해서 푸틴 치하에서 이루
어진 언론인과 인권운동가에 대한 연이은 암살은 러시
아 집권 세력들이 표면상으로나마 추구하는 정치적 이
데올로기와는 전혀 관계없는 것들이었던 것이다.

세 차례 거듭된 암살 시도

리트비넨코에 대한 암살 시도는 알려진 바로는 두 번 실
패로 돌아갔다. 세 번째는 운이 좋은 법(Third time lucky)

이라던가. 물론 리트비넨코의 입장에서 본다면 세 번째는 지지리 운이 나쁜 법이라고 표현해야 할 것이다. 2006년 11월 1일이 운명의 날이었다. 이날은 꼭 6년 전 그가 영국으로 망명한 날이기도 했다.

이날 오후 3시경 리트비넨코는 스스로를 마리오라고 칭하는 정체를 알 수 없는 이탈리아인을 만났다. 리트비넨코는 마리오로부터 안나 폴릿콥스카야 암살 사건에 대한 제보가 있다는 이메일을 받았다. 탐사보도 전문 기자였던 폴릿콥스카야는 체첸 사태와 관련해 푸틴 정권의 책임을 강력히 비판했다. 2006년 봄, 그들이 런던에서 잠시 만났을 때 폴릿콥스카야는 신변의 위협을 강하게 느끼고 있다고 말했다. 러시아를 떠나라는 리트비넨코의 충고에도 불구하고 폴릿콥스카야는 늙은 부모와 어린 자식 때문에 그렇게 할 수가 없었다. 같은 해 10월, 그녀는 자택인 모스크바의 한 아파트 승강기 안에서 총으로 살해당했다. 범인은 잡히지 않았다. 폴릿콥스카야는 리트비넨코와 그저 아는 사이가 아니라 친구였다. 리트비넨코는 친구의 살인범으로 푸틴을 공개적으로 지목했다. 푸틴이 그를 없애고 싶을 이유가 하나 더 추가된 셈이었다.

리트비넨코는 예의 마리오와 피카딜리서커스의 일

식 체인점에서 만났다. 리트비넨코는 식사를 했지만 마리오는 아무것도 먹으려 하지 않았고 폴릿콥스카야 암살에 관련된 것으로 추정되는 사람들의 명단을 주고는 현장에서 읽고 돌려달라고 했다. 리트비넨코는 마리오가 왜 굳이 명단을 이메일로 주지 않고 만날 것을 주장했는지 의아했다. 미팅이 끝나자 이 의문의 이탈리아인은 문자 그대로 사라졌다.

마리오와 헤어진 이후 리트비넨코는 그로스브너스 퀘어의 밀레니엄 호텔로 가서 안드레이 루고보이와 드미트리 콥툰을 만났다. 둘 다 전직 러시아 스파이였다. 루고보이와 리트비넨코는 1990년대에 같이 베레좁스키를 위해 일하면서 알게 되었다. 2005년 루고보이는 리트비넨코에게 다시 연락을 취해 동업을 제의했는데, 러시아에 투자를 하고 싶어 하는 서방 기업들을 유치하는 일이었다. 마땅한 수입이 없이 베레좁스키의 호의에 힘입어 살아가고 있던 리트비넨코로서는 솔깃한 기회가 아닐 수 없었다.

리트비넨코가 도착했을 때 루고보이는 이미 자기 차를 주문해둔 상태였다. 드미트리 콥툰이 뒤이어 도착했다. 루고보이가 음식이나 다른 음료를 주문하겠느냐고 물었을 때 리트비넨코는 이를 거절했지만 테이블 위에 놓여 있던 주전자에 약간 남은 차를 따라서 몇 모금 마셨다. 이미 식어버린 녹차였다.

그러니까 그날 오후 리트비넨코가 만난 사람은 마리오, 루고보이, 드미트리 콥툰이었고 먹은 음식은 점심과 차 몇 모금뿐이었다. 그리고 그 차가 문제였다.

녹차에 들어 있던 방사능 물질

복통이 시작된 것은 저녁 무렵이었다. 통증은 곧 격심한 구토로 이어졌는데, 리트비넨코의 아내는 그 구토가 '보통 토하는 것과는 매우 달랐다'고 했다. 모발이 다 빠졌고 구토와 설사가 지속되었다. 식사를 하는 것은 불가능했다. 곧 신장 기능이 멈추고, 몸의 연골이 모두 손상되었으며, 백혈구가 급속히 파괴되었다. 의료진은 처음에는 탈륨 중독을 의심했다. 탈륨은 무취 무미한 푸른빛이 도는 흰색의 금속으로 쥐약이나 살충제로 쓰였던 맹독성 물질이다. 몇 가지 점들을 고려할 때 탈륨 이외의 다른 알 수 없는 독물을 섞은 일종의 '칵테일'이 사용된 것으로 보였다.

조사 결과 리트비넨코를 죽인 물질은 방사능 동위원소인 폴로늄 210으로 밝혀졌다. 매우 드물고 매우 치명적이고 강력한 방사능 물질이었다. 리트비넨코는 폴로늄 210을 마셨던 것이다. 폴로늄 210은 방사능 흔적을 남기는데, 그 흔적은 루고보이와 콥툰이 머물렀던 모든 장소에서 찾을 수 있었다. 마치 헨젤과 그레텔이 떨어뜨리고 간 빵조각과도 같았다. 사실은 범인들도 자기들이 모스크바에서 가지고 온 물질이 무엇인지 잘 몰랐다. 얼마나 치명적인 물질인지도 몰랐다. 그들은 단지 그 물질이 '매우 비싼 것'이라고만 알고 있었다.

사건을 계획한 자들은 무고한 사람들이 입을 수도 있었던 심각한 위험은 전혀 고려하지 않았던 것으로 보인다. 그들은 단지 목적을 성취하는 것만을 생각했다. 루고보이와 콥툰이 리트비넨코와 같이 앉아 있던 호텔 바의 테이블에서는 어마어마한 양의 방사능이 측정되었다. 차 주전자, 차 주전자를 씻은 세척기, 식기세척기에 들어 있던 식기들도 방사능에 오염되었다. 리트비넨코가 집으로 돌아오는 길에 이용한 대중교통 수단에서도 방사능이 검출되었다. 루고보이와 콥툰이 묵었던 호텔 객실, 그들이 탔던 비행기, 빌렸던 차에서도 마찬가지였다. 그날 바에 있었던 손님들이나 그들과 우연히 접촉했던 사람들 역시 피폭되었을 것이지만 영국 보건 당국은 그 피해는 아마도 장기적으로 암 발병 확률을 높이는 정도에 불과할 것이라고 애써 사람들을 안심시켰다.

영국은 사건 직후 러시아로 돌아간 범인들을 인도
해줄 것을 요청했으나 거절당했다. 이들이 방사능 피폭
과 관련한 치료를 받았다는 설이 있으나 이 역시 명백하
게 확인되지는 않았다. 리트비넨코가 사망한 지 10년 만
인 2016년, 영국은 암살이 FSB에 의한 것이며 푸틴이 작
전을 승인했을 가능성이 높다는 공식 결론을 내렸다. 러
시아는 물론 이를 부인했다.

'정상 국가'가 저지른 범죄의 흔적들

리트비넨코는 죽음 직전 자신의 암살은 푸틴이 지시한
것이지만 그를 기소할 수는 없을 것이라는 증언을 남긴
바 있다. 푸틴이 러시아 대통령으로 남아 있는 이상은
말이다. 권력을 가진 악당이란 그가 차지한 자리에서 끌
어내려지기 전에는 아무리 악행이 드높아도 쉽사리 처
벌할 수 없는 법이다. 그리고 권력이 있는 악당을 끌어
내리기란 매우 어려운 법이다.

리트비넨코 망명의 직접적 원인이 된 베레좁스키는
결국 2013년 거주하던 영국의 대저택 욕실 안에서 목 맨
시체로 발견되었다. 욕실의 문은 안에서 잠겨 있었고,

망인이 죽기 직전 어떠한 육체적 다툼에 휘말렸다거나 하는 흔적은 찾아볼 수 없었다. 그럼에도 불구하고 베레좁스키의 죽음을 조사한 검시관은 그의 죽음이 자살인지에 대해서는 확언할 수 없다는 결론을 내렸다. 베레좁스키의 죽음과 관련한 진상은 아직 밝혀지지 않았다.

2018년 3월, 전직 러시아 스파이인 세르게이 스크리팔과 그의 딸이 영국의 소도시 솔즈베리에서 신경가스에 중독되어 의식을 잃은 채로 발견되었다. 이들을 쓰러뜨린 신경가스의 양은 그 지역 주민들에게도 해를 끼칠 수 있는 정도였다. 그리고 며칠 지나지 않아 망명한 러시아 재벌 중 하나인 글루시코프가 사망한 채로 발견되었다. 시신에는 목이 졸린 흔적이 있었다. 자국 내에서 벌어진 일련의 암살 기도 및 암살에 대하여 영국은 러시아 외교관 23명을 추방하는 것으로 응징을 했고, 러시아는 이에 맞서 역시 영국 외교관 23명을 추방하는 것으로 반격을 가했다.

죽은 이들이 그리 선량하기만 한 사람들은 아니었다고 할 수 있다. 또한 이들을 적법한 절차에 따라 심판하고 법에 의한 처벌을 시도하는 것 역시 실질적으로 용이한 일은 아니었을 것이다. 이들은 대개 막대한 재산을 지니고 망명했고 이들을 받아들인 영국은 이런저런 사유를 들어 이들을 러시아에 돌려보내지 않았기 때문이다. 그리고 이들은 러시아 밖에 머물면서 반체제적인 언행을 일삼았다. 러시아 또는 푸틴으로서는 매우 괘씸한 존재들이 아닐 수 없다.

그러나 사정이 그렇다고 하여 수단과 방법을 가리지 않고 무자비하게 이들을 제거한다는 것은 매우 다른 문제다. 이러한 행위를 실제로 저지르느냐 아니냐가 정상 국가와 아닌 국가를 가르는 기준이라고 할 수밖에 없을 것이다. 그러나 사실 러시아는 미국이 분류한 소위 불량 국가, 즉 로그 스테이트(Rogue States) 리스트에는 포함되어 있지 않다. 북한은 포함되어 있지만 말이다.

트와일라잇 살인자들

지은이
김세정

발행인
표완수

편집인
김은남

초판 1쇄 펴낸날
2019년 8월 13일

편집
송지혜

디자인
신용진

제작
한영문화사

펴낸곳
(주)참언론 시사IN북

출판등록
2009년 4월 15일
제300-2009-40호

주소
(04506) 서울시 중구 중림로 27
가톨릭출판사빌딩 3층

전화
02-3700-3250(마케팅)
02-3700-3270(편집)

팩스
02-3700-3299

전자우편
book@sisain.kr

홈페이지
http://sisainbook.com

시사IN북은 시사주간지 〈시사IN〉에서
만든 출판 브랜드입니다.

이 도서의 국립중앙도서관
출판예정도서목록(CIP)은
서지정보유통지원시스템 홈페이지
(http://seoji.nl.go.kr)와
국가자료공동목록시스템
(http://www.nl.go.kr/kolisnet)에서
이용하실 수 있습니다.
(CIP 제어번호: CIP2019029289)

ISBN
978-89-94973-52-4(03300)

값
14,000원